参加するまちづくり

農文協

伊藤雅春
大久手計画工房

参加する
まちづくり

ワークショップがわかる本

はしがき

先日、私たちの地域で開かれた役所主催の会合に出席した時のことです。「最近はどこの会議に行ってもワークショップでやりましょうということを言われ、模造紙に意見をまとめるような機会が多くなりました。若いお母さんたちは慣れているのでしょうね」という発言をされる方がいました。一〇年ほど前に同じ場所で会議をした時に、私たちが模造紙を張り出して記録をとったことが、それまでの会議のルールを乱すこととして、その後「模造紙事件」と呼ばれ、長く区役所内で語り継がれたことを思うと、時代の変化を実感させられた出来事でした。

時代は確実に変化しています。今や住民参加は当たり前のこととなり、まちづくりワークショップも目新しいものではなくなりました。しかし、まちづくりワークショップの必要性を本当に感じて実施したいと思っている人が、急速に増えたとは思えません。その意味には懐疑的だが時代の流れだから仕方がない、みんながやりたいというのであれば反対することではない、という意識が広がっているのだと思います。

声の大きな人が仕切る形式的な会議にうんざりしていた時には、新鮮に思えたまちづくりワークショップも、段取りが悪く、しかも目的のはっきりしないワークショップが繰り返されるようであれば、次第に支持を失っていくことになりかねないでしょう。もう一度まちづくりワークショップの意味を問い直し、その可能性を考えたいということが、この本を書いてみようと思った理由です。

しかし、まちづくりワークショップを説明すればするほど、伝えたいことから離れていってしまうような気もします。まちづくりワークショップは理解するものではなく、参加するものだからです。本を読めば誰でもすぐにファシリテーターになれるというようなハウツウ本としてではなく、まちづくりワークショップの知恵と技を伝えるにはどうすればよいか、まちづくりワークショップを知るのではなく、やってみたくなるような伝え方はどのようにすればよいのか。そんなことを考えながらこの本を書きました。

果たしてどこまで説得力を持って、現場の思いを読者のみなさんに伝えることができたか自信がありませんが、少しでも共感できる部分があったとすれば、ぜひワークショップの現場に足を運んでみてください。そこには決して一人では得られない何ものかがあることを信じて……。

困難な問題を前にした時、閉じた世界で悩むのではなく、開かれた世界で明るく、ワークショップでいこう！　これが私たちがこの本に込めたメッセージです。

参加するまちづくり

目次

第1章

「まちづくりワークショップ」って何だろう?

地域のことは地域で決めよう

あなたが会社を定年になって地域で暮らすことになったとき、あるいは高校生の君が学校以外の場所で、まちのことについて何か言いたいと思ったり、何かしたいと考えたとき、どうすれば地域に参加していくことができるか、よくわからないのが現実ではないでしょうか？

「自分のことは自分で決める」、これは当たり前のことだと誰でもが思うでしょう。しかし、「地域のことは地域で決める」と言ったとたんに、難しいことのように感じるのはなぜでしょうか？　地域の意志が町会長や区長さんといった特定の人にだけ帰属しているのであれば、地域のことは特定の誰かが決めるということになってしまいます。[1]

例えば、地域が昔の集落のように、あるいは現在のマンションの管理組合のように、共有財産を持っていて、維持管理を日常的にしなければならないような場合は、決めなくてはならないことがはっきりしているので、みんなで決める手続きや方法がすでに用意されているかもしれません。そのルールに従って決めればよいのです。しかし地域の単位が大きくなり、地域でどうしても決めなくてはならないことが少なくなるに従って、こうした面倒なプロセスは次第に省略されてしまいます。多くの地域で、地域の意志を確認する場や方法が適切に提供されていないのが現状ではないでしょうか。

今では、「まちづくり」という言葉は、かなり広く使われるようになってきてはいますが、まだまだ自分がまちづくりに関わるということが具体的にどういうことなのか、つかみどころのない、わかったようでわからない言葉でしかないのかもしれません。

何年か前に私が生まれ育ったまちの商店街で、まちづくりプロジェクトの提案を説明し

◆1
『対話による建築・まち育て』（乾亨著、学芸出版社）第二章「中間的公共性としての地域コミュニティ」参照

てまわったことがあります。「この地域の活気を取り戻し、まちの魅力づくりのためにこんなことを考えたんですけれど……」と、多少興奮気味に話し終わったところで、お店の主人からの一言、「ところで君たち営業に来たの？」には正直こたえました。まちづくりなど地域のみんなに関わることは役所のやることで、個人がどうこう言えることではないという感覚を持っている人が多いのが現実だと思います。

世の中全体のことを知りたいという欲求は、人間として当然の欲求です。特に日本のような情報過多の傾向のあるところでは、多くの人があたかも評論家のように振る舞っています。しかし、振り返って見ると、自ら問題にコミットしていく、身近な世界で具体的な行動に出る機会は意外に少ないのではないでしょうか。忙しくて時間がないということもありますが、直接参加していく機会や方法が身近にないことが、その大きな原因になっています。直接参加していくことは、知ることに勝る人間的な欲求であると私は思います。

しかし、一人一人が動くことで全体が変化していくということを多くの人が体験する機会は意外に少ないのが現実です。全体の動きに個々の判断を合わせていくことに私たちは、慣れ過ぎてしまっているのではないでしょうか。

地域の意志を育てるまちづくり

「住民参加のまちづくり」という言葉を聞いたことのある人は多いと思います。「都市計画」という行政の用語が「まちづくり」というひらがなに変わって、市民により身近な環境を含む問題に広がったのが二〇世紀までのまちづくりの意味でした。簡単に言えば、行政の計画するハード面のまちづくりに、利害関係のある市民が直接参加していくということが、「住民参加のまちづくり」と呼ばれる言葉の意味でした。

私たちは最近になって、「まちづくり」という言葉の意味が大きく変わってきていることを感じています。この背景には、地方分権の流れがあります。地方分権は実は市民への分権であることに、地方自治体の現場の職員の人たちは少しずつ気付き始めています。[2] まちづくりにも住民の自治という意味が加わってきているのです。二一世紀には地域の意志を育てるまちづくりが求められているのだと思います。

ワークショップという コミュニケーションの方法

そもそもワークショップの起源は、「J・L・モレノによって臨床心理学の一手法として考案されたものが始まりとされ、その後、ダンスや演劇など幅広く創造活動に使われるようになった」と言われています。[3] 都市計画の分野では、一九六〇年代にアメリカの環境プランナーであるローレンス・ハルプリンが、[4]「テイクパート・プロセス」としてワークショップ手法を取り入れ、多様な価値観の人々が協働してよりよい環境を計画していくシステムとして実践されたとされています。

現在おこなわれている「まちづくりワークショップ」は、地域の問題を多くの住民がそれぞれの年齢や社会的な立場にとらわれることなく、水平的な関係で話し合い、創造的に自己解決していくための場です。自治会長さんと小学生や中学生が一緒のテーブルで議論をたたかわせる光景は、その地域が健全であることの証だと思います。コミュニティという言葉や地域自治という考え方が、改めて問い直される現代において、従来の形式張った会議の進め方は、コミュニケーションの方法としていかにも不十分なものであると多くの人が感じているに違いありません。

「まちづくりワークショップ」の根底にあるのは、一人一人の意志によって具体的に地域

◆2
『現場直言 自治体実行主義――分権時代のこころと戦略』（肥沼位昌著、ぎょうせい）第四章「市民が税率を決める 自治体財政へのパラダイム転換」参照

◆3
『集団による創造性の開発』（ローレンス・ハルプリン、ジム・バーンズ著、牧野出版）参照

◆4
R・ハルプリンは、一九六六年に、RSVPサイクルと呼ばれる新しいワークショップ・プロセスを開発し、環境デザインやプランニングにこの新方式を導入した。彼のテイクパート・プロセスは、集団的な創造性の開発という点に力点が置かれ、スコアと呼ばれるプログラムもアイデアに満ちた興味の尽きないものである。

の意志をつくり出していくという思想だと思います。言葉にすると当たり前のことのようにも思えますが、このことを信じている人が意外に少ないことに驚かされます。

一方で、ワークショップ方式の会議を、単にグループに分かれて話し合うこととしか理解していない人もまだまだ多いのが現実です。ある自治体で、自治基本条例[◆5]を検討するワークショップを何回か経験しているとのことでした。その自治体ではそれまでに市民参加のワークショップを実施した時のことです。しかし、いざワークショップが始まると、参加者の積極的な発言と熱心な取り組みに対して、担当者は驚いたように、「市民が今までこんなに生き生きと意見を言うのを見たのは初めてだ」とつぶやいたのです。それまで彼らがワークショップと呼んでいた会議では、声の大きな人が仕切り、他の参加者が自由に発言できるものではなかったということがわかりました。

たかが会議されど会議

通常会議の準備と言えば、用意された結論にいかに問題なくスムーズに持っていくか、参加者の発言をどうコントロールするかということに心を砕くことが主催者の役割と考えている人が、多いのではないでしょうか。逆に、会議資料を用意する以上の準備が、なぜ必要なのかと感じている人もいるでしょう。創造的な発言を自由におこなうために、会議を準備するという考え方がなぜないのでしょうか。事前の根回しや調整をしないと心配、あるいはわけのわからない参加者にかき回されるのが不安だとすれば、それはみんなで決めるということを基本的に信じていない風土が会議の主催者側にあるからだと思います。

何年か前に東京都世田谷区のある地域の出張所でおこなわれた「身近なまちづくり推進協議会」の会議のできごとが思い出されます。会議の記録を取ろうとして、模造紙を黒板

◆5
地方分権の大きな流れの中で、自治体が地域の実情に即した独自のまちづくりを自主的に進めていこうとすると き、まず自治体運営の基本理念や、その仕組みなどを条例に定める必要がある。各自治体の憲法ともいうべきこの条例を「自治基本条例」と呼んでいる。今、日本の各地で「自治基本条例」をつくる動きが進められている。

に貼って準備をしていると、いつも会議を取り仕切る地元の町会長さんの一人に、にらみつけられてしまいました。「おまえは何をしているのか、何も聞いていない」と言わんばかりでした。会議を主催していた役所に事前に話をしていなかったことも災いしたようです。それ以来、この程度のことですら私たちの地域では「模造紙事件」として、出張所長の間で長く語り継がれることになってしまったようです。

会議といえば、私にとって忘れられない二つの話し合いの場面の記憶があります。

一つは、高校一年の時のことです。中学校時代から議論好きであった私は、当時進学校にもかかわらず自由な校風で知られていた高校に入学し、クラス委員になって生徒会に出て衝撃を受けました。今から思えば大学紛争の嵐が吹き荒れた直後の年代なのですが、三年生の執行部の生徒が猛烈な速さの演説口調でまくし立てる言葉が、確かに日本語であるにもかかわらず外国語のようにまったく聞き取れないのです。大変な世界があるものだとショックを受けながらも、私も三年生になればあんな風にしゃべるようになるのかと、漠然と思ったことを憶えています。当然ながらそうはなりませんでしたが。

もう一つの記憶は、大学院一年生の時の研究室の夏合宿の思い出です。当時私たちの研究室は卒論生に加えてＯＢが合宿に参加し、最後の丸一日議論をたたかわせることが恒例となっていました。その年の参加者は二〇人ほどで、建築計画の研究方法論がテーマであったと記憶しています。すでに議論の細部は、忘却の彼方に消えてしまいましたが、話し合いの進行の仕方についてだけは克明に憶えています。司会をしていた私に求められていたのは、議論のテーマが抽象的であり、時間が二時間ほどに限られているなかで、議論好きのＯＢたちの空中戦に終わらないように、どのように話し合いを進行すればよいかという困難な課題でした。議論が始まってすぐ、私はとっさにある方法を思いつきました。すべての発言者に対して、その直前の発言者の意見を自分の言葉で言い換えてもらうことに

したのです。自分の意見はその後に発言してもらうこととし、すべての発言者を司会の私が指名して進行することにしたのです。今から思えば、このルールの意味するところは単純ですが、重要な問題をはらんでいたと思います。

一、テーマが抽象的で理解しづらく、自分の意見がまとまっていない人でもとりあえず前の発言者の意見を繰り返すことが求められているので、突然の指名でも発言することは可能です。

二、すべての発言者が他の発言者の発言内容を理解しなければ自分の発言を許されないというこのルールは、いかに普段の議論の場面で、多くの人が他の人の意見を正確に理解することなく発言しているかを浮き彫りにしてくれました。

三、加えて他の人に理解してもらえない曖昧《あいまい》な発言が、いかに多いかということも同時に明らかになりました。次の発言者が理解できなければ言い換えることができないので、曖昧な発言は次の発言者から必ず指摘を受けることになったのです。

こうした議論の進め方は、なぜかすべての参加者に充実感をもたらしました。言い換えれば、参加者全員が短時間にある概念をめぐり何かを共有化することができたと感じられたのです。

この二つの記憶は、今から思えば「まちづくりワークショップ」を企画し、その進行役を務めるファシリテーター✦6という仕事をしている私の原点となった経験だったかもしれません。議論の場において重要なのは、自分だけがわかることではなくて、参加者すべてが理解できるということです。この思いは今に至っても変わっていません。むしろ「まちづくりワークショップ」を一二年近く積み重ねてくるなかで、確信に近いものになっています。これが私にとって大勢の人が話し合う時間が特別なものであるということの意味なのです。

✦6
ファシリテーターとは一般には会議の進行役という意味で使われるが、中立的な立場で、プロジェクトのプロセスを管理し、参加者のチームワークを引き出し、その成果が最大となるように支援する人として、まちづくりの場面だけでなく、企業においてもそのリーダーシップとしての新しい役割が注目されてきている。

「まちづくりワークショップ」との出会い

これまで述べきたように、話し合いの成果はその進め方によって大きく異なります。こうした数々の経験が、私に話し合いを創造的な場とし合意を育《はぐく》む場とするためには、それなりの技術が必要であることを教えてくれました。しかし、こんなことが職業になるとはつい数年前までは考えもしなかったことです。

私は、「まちづくりワークショップ」のファシリテーターという仕事をある意味で楽しんでいます。生き甲斐を感じて取り組んでいると言ってもいいでしょう。私にとって多くの人が議論している場にいることとは、特別なことなのです。そうは言っても私自身、無類の人間好きということではありません。どちらかと言えば、人間関係は淡泊なほうが気が楽だと感じるタイプです。そんな私が話し合いの場を特別なものと感じるようになったのはどうしてなのかと考えてみました。

「まちづくりワークショップ」の存在を知る前、私は一九七八年にC・アレグザンダー✦7の「パタン・ランゲージ」という設計方法論に出会っていました。これは、一九七〇年代後半に日本に紹介されたユーザー参加によって建築や環境をつくり出す手法です。当時、私はパタン・ランゲージを学ぶことを通して方法論の重要さを学んだように思います。そして「まちづくりワークショップ」を知るにおよんで気付いたのです。「そうだ！　会議にも方法論があるのかもしれない」と。

「まちづくりワークショップ」を初めて知ったのは、アレグザンダーと同じカリフォルニア大学バークレー校で都市計画を教えているランドルフ・T・ヘスター教授✦8が、一九九二年に東京都世田谷区に来て、会議の手法について講習会を開催したのを手伝った時のこと

✦7
一九三六年ウィーン生まれ。一九六三年、ハーバード大学博士号論文として「形の合成に関するノート」を著す。カリフォルニア大学バークレー校環境デザイン学部教授。一九八五年、埼玉県入間市に盈進学園東野高校をパタン・ランゲージを用いて完成させる。主要著書に『パタン・ランゲージ』、『まちづくりの新しい理論』、『形の合成に関するノート』（いずれも鹿島出版会）

✦8
コミュニティ・デザイナー。カリフォルニア大学バークレー校ランドスケープ学科教授。日本でも数多くのコミュニティ運動を指導。主要著書に『まちづくりの方法と技術』（現代企画室）

でした。この頃から何となく自分の考えを主張することよりも、たくさんの人が話し合うことによって到達する結論に、確かさと喜びを感じる自分自身のメンタリティに気付いていったのです。

一九九一年に世田谷区が企画した公園のコンペに、数十人の住民と一緒にワークショップをおこなって応募し、入賞した時のことです。入賞祝いのパーティーでワークショップに参加したおばあさんが、まるで自分自身がデザインしたかのように計画案の細部をお祝いに来た人たちにうれしそうに説明している姿を見た時の感動が、今でも忘れられません。

建築の計画案を決定する方法として、これまで公開コンペ方式が最も開かれた方法だと認識されてきました。しかし、コンペというういわゆる競争原理にもとづいた方法では、一人の勝者が選ばれることになります。こうした方法からは決して得られない人のつながりがワークショップ方式によって得られることが、私にとっては大きな違いに感じられたのです。ここでは喜びを奪い合うコンペのような競争の原理ではなく、喜びは確かに参加者全員に共有されていました。その意味で「まちづくりワークショップ」は教育のプロセスに似ているのかもしれません。自分自身を超えた何ものかに結びついているという深い喜びを感じさせてくれるプロセスがそこにはあります。

私たちは一九九〇年から見よう見真似で「まちづくりワークショップ」を始めました。一番初めにワークショップ方式の話し合いのなかで建物の設計を進めることに理解を示してくれたのは、ＹＷＣＡと医療生活協同組合の現場の人たちでした。どちらの組織も会員や組合員に支えられ、多くの人の意志によって物事を決定していくことが求められている組織です。

今では年間、四、五〇回程度のワークショップを私たちは実施するようになっています。この「まちづくりワークショップ」の経験は、実にさまざまなことを私たちに教えてくれました。そのエッセンスと言える内容をこの本にまとめたつもりです。

「まちづくりワークショップ」の知恵と技

「まちづくりワークショップ」は今では広く全国で実施されるようになってきましたが、そこには大きな質の違いがあるようです。なぜそのような違いが起きるのでしょうか？そこにはワークショップの「知恵と技」の問題があると思います。ワークショップを企画する時、私たちはいつも頭の隅にいくつかの原則を置いています。

一、すべての参加者が一度は発言する機会をつくること
一、参加者の立場や意見の違いが相互に理解できるような意見交換の機会をつくること
一、誰もが心を開いて答えられるような問いかけ方を工夫すること
一、話し合いのテーマを本質的な問題に絞り込み、話し合いの結果に創造性が感じられるような段階まで論点を整理すること
一、情報提供が過不足なくおこなわれ、専門家とのキャッチボールが適切になされること、等々……。

こうした原則に従ってプログラムが用意されなければ、数十人の人が短時間で密度の濃いコミュニケーションを体験することは不可能なのです。

「まちづくりワークショップ」が培《つちか》ってきた知恵と技は、身近な会議の進め方の改善にも役立つに違いありません。組織が大きくなればなるほどコミュニケーションの必要性が大きくなります。そのことに費やされる時間は馬鹿にならないものです。この時間を創造的なものに変えなければ組織は滅びると、ワークショップ研修を積極的に取り入れてきた東京都世田谷区の研修室長がかつて語った言葉が改めて思い出されます。

本書に記したワークショップの知恵と技は、多人数の会議の場に特に有効なものです。だまされたと思って一度実践してみてください。デザイン・ゲームの提唱者ヘンリー・サノフ[✦9]は、「ワークショップはキスと同じ」と言っています。「ワークショップは、いくら考えていても体験してみなければわからない。そして一度するともっともっとしてみたくなる……」と。

「まちづくりワークショップ」でいこう！

「まちづくりワークショップ」に数十人の人が集まって話し合っても、どのように意見をまとめていけばよいのかわからない、ワークショップに地域の全員が参加したわけでもないのに、それが地域の意志と言えるのか、といった疑問がよく行政職員の方から聞かれます。こうした疑問自体、地域のコミュニケーションの貧困さを言い表わしているといえないでしょうか。

日本では一九九〇年代に入り、参加型まちづくりの実践事例が全国で積み重ねられてきました。それに加え、「まちづくりワークショップ」の技術の普及を「世田谷まちづくりセンター[✦10]」が中心となって進めたことが、新しい時代を切り開くために大きな役割を果たしてきたと思います。一方で、都市マスタープランの策定や市町村の総合計画づくりなどの機会を通して、住民参加を積極的に取り入れた取り組みが、全国で進んでいったことも見逃せません。

結果として、現在では日本ならではの参加型まちづくりの実践が実を結び始め、全国でさまざまな「まちづくりワークショップ」が頻繁に開催されるようになってきています。あなたのまちで「まちづくりワークショップ」が開催されると聞いたら、まず参加してみ

✦9
建築家。ノース・カロライナ州立大学デザイン学部教授。建築の企画・設計に住民の意志を反映させる方法としてデザイン・ゲームを発案したことで知られる。著書に『まちづくりゲーム／環境デザイン・ワークショップ』（晶文社）

✦10
住民・企業・行政が互いに触発しあいながら進めるパートナーシップ型まちづくりの推進を目的に、一九九二年につくられた組織。センターの中心的な仕事は、まちの生活空間や環境づくりに関するもので、財政的支援をおこなう「公益信託世田谷まちづくりファンド」と連携をとりながら住民のまちづくり活動に対して技術面やコーディネートの面でサポートをおこなっている。また、まちづくり活動グループとの豊富なネットワークを持ち、調査研究やシンポジウムなどを活発に進めている。

ることです。必ず何か新しい発見があり、その場から何かが生まれることを体験できるでしょう。

ワークショップ手法の会議が多少形式ばって進められることには、それなりの意味があります。それまでの常識と思われているやり方を変えるために多少の形式が必要であり、そのことによって従来の慣行から自由になることができるのです。

それでも私自身のことを考えてみると、地元で「まちづくりワークショップ」を実施することは難しいのが現実でした。「まちづくりワークショップ」という形式を既存のコミュニティに持ち込む立場がつくれないのです。ワークショップを企画し進行役を務めるファシリテーターが外の世界から専門家として現われることで、そのことが可能になるのです。しかし、決してファシリテーターが何か特殊な力をその場にもたらすわけではありません。所詮《しょせん》は、地元のことは地元でしか解決できないことは明らかです。ファシリテーターが第三者的に地域に入る意味があるとすれば、既存のコミュニティに自由をもたらす可能性があるということだと思います。

「まちづくりワークショップ」はプログラムが命

「まちづくりワークショップ」の意味が、おぼろげながらわかってきたとして、どのように「まちづくりワークショップ」を企画すればよいでしょうか。例えば、こうした方法を学校で使いたいと思ったらどうすればよいでしょうか。

「課外授業・ようこそ先輩」というＮＨＫの番組は、私たちに多くのヒントを与えてくれました。この番組は、その小学校を卒業して活躍している専門家を先生に迎えて、授業をしてもらうという企画ですが、ここにはワークショッププログラムのエッセンスが詰まっていると、いつも感心させられます。ある回のことですが、六年生の児童に恋愛小説を書いてもらうという企画を持ち込んだ小説家がいました。まだ恋愛の経験もない小学生に恋愛小説とは、いかにも奇をてらった内容だなと思って見ていると、見事なプログラムの組み立てによって全員が短時間にそれなりの恋愛小説をものにしたのには驚きました。

計画的に組み立てられたプロセスがあれば、誰もが自由に力を発揮できることに感動したことを覚えています。

とりあえず会議を変えよう

これは授業への応用の事例ですが、クラスの会議などへ応用する場合はどんなことが考えられるでしょうか。

まず第一に、会議の記録をみんなの見ている前で模造紙に書き取っていくというようなことは、すぐにも実行できることです。他にも、できるだけ多くの人が発言できるような工夫をすること、発言者の発言内容を確実に他の人に伝わるように工夫すること、誰もが理解できるように話し合いのテーマを整理し、発言があちこち行かないように工夫すること、必要な情報提供をできるだけ簡潔にするように工夫すること、などが考えられます。

とにかく、今までの会議の進め方にとらわれず、身近なところから自分たちの身の丈に合った進め方に会議を変える方法を考えてみましょう。

「まちづくりワークショップ」の次に来るもの

もう一つの疑問に答えましょう。まちづくりに興味のない人に対しても、なぜ「まちづくりワークショップ」が重要な意味を持つのかという問題です。

まちづくりの課題は、ハードな分野のものから暮らし全体に広がる一般的な課題に変わってきています。その背景には、「まちづくり」という言葉の意味が広がっているということがあります。「まちづくり」という言葉は、今や高齢者の暮らしや地域の子育ての問題、環境にやさしい暮らしづくりの問題にも広がっているのです。さらに地域の自治やコミュニティの運営の問題全体を視野に入れた言葉となってきているのです。結果として、「まちづくりワークショップ」の手法も公園づくりなどの公共空間の計画づくりから、区画整理事業などの面的なまちづくり、地区計画やまちづくり条例などのルールづくりなどの課題に広がっています。

「まちづくりワークショップ」には、地域のコミュニケーションを生き生きと豊かに育んでいく効果があります。直面する問題を多くの人の知恵を集めて創造的に解決する体験が、地域コミュニティを組み立て直すきっかけとなるのです。

しかし、「まちづくりワークショップ」を実施するかどうかは、現状では、まだ行政担当者の裁量によって判断されている場合が多いのが現実です。今後は市民の側から「まちづくりワークショップ」の開催を提案するルールが必要です。加えて、「まちづくりワークショップ」は、始まりの部分でコミュニティの組織化に有効に働くことはわかってきていますが、継続的にコミュニティに関わっていくためには、「まちづくりワークショップ」以降の可能性を開いていくためのコミュニケーションの異なる仕掛けが必要です。このことについては、また改めて考えたいと思います。

第2章

プログラムに託された
コミュニケーションの知恵と技

企画する時に考えること

「まちづくりワークショップ」を実際に計画する場合を考えてみましょう。まず初めに、「まちづくりワークショップ」を全体で何回実施し、最終的に何を実現するかを決めます。次に、一回一回のワークショップの目的を決めます。ここまでが「参加のプロセスデザイン」と呼ばれているものです。現状では行政が「まちづくりワークショップ」を開催する場合が多いので、プロセスデザインの段階は、庁内の調整作業が主となり、市民には見えにくい部分となっていることが問題です。ワークショップの第一回目に、「すでに計画案は決まってしまっているのではないか？」という不信感が表明されたり、最後のワークショップで、「どうしてもっと初期の段階から市民参加ができなかったのか？」というような感想が出たりするのは、こうしたプロセスデザインの部分が市民と共有化されていないことに原因があると考えられます。

二一世紀は、行政と市民の協働ということが随所で実現されていく時代であり、より初期の段階から市民参加を取り入れていく事例が増えてくることが期待されています。所沢市では予算を市民参加によってつくる「財政ワークショップ」を提案し、取り組もうとしている財政課の職員の方がいると聞いて驚きました[1]。こうしたことが大きな時代の変化につながっていくことになるのだと思います。

参加する人が増えている

最近、「まちづくりワークショップ」の参加者層に変化が起こっています。数年前まで

◆1　『自治体財政はこうなっている』（肥沼位昌著、学陽書房）

は、ワークショップの場にはお母さんとお年寄りの方が参加することが多く、まちづくりは女、子供のすることだと皮肉を言う人もいたものです。この二、三年、こうした場に現われる男性の元気な退職者の方が明らかに増えています。これは全国的な傾向のようです。生涯学習の場である高齢者大学に行ったり、行政の審議会などの公募委員に応募したり、ボランティア活動に参加したり、残りの人生を何か社会に役立てたいという思いから「まちづくりワークショップ」に参加する方が増えています。団塊《だんかい》世代の方が退職を前にして、地域に戻ろうとする時代が、これから始まろうとしているのです。

会社組織に長く属していた方が最も慣れた発言のスタイルは、会議の趣旨や最終的な成果、会議の進め方などの問題をめぐって、演説口調で全員の前で語るような参加の仕方です。こうしたスタイルは、従来の会議のコミュニケーションの方法です。他の多くの参加者が、我慢して聞いていることを感じ取れる人はまだ救いがありますが、いろいろな参加者のコミュニケーション力を育てていくことは容易なことではありません。しかし、なかには何回かのワークショップを経験していくうちに、コミュニティの重要なキーマンに変身していく人もいます。これは「まちづくりワークショップ」の特色の一つと言ってもいいでしょう。すべての人が平等に発言の機会を持てるようにするにはどうすればよいか、人の意見を聞き、理解するということはどういうことなのか、意見の違う人と合意していくとは具体的にどのような作業が必要なのか、ワークショップの進行役は、まずこうしたことに対する理解が必要であることを参加者に知らせせなければなりません。

プログラムの質にこだわる

ワークショップのプログラムを考える際、心に留めていることの一つに、「議論は具体的でなくてはいけない」ということがあります。これは、私たちの地域で活躍する元銀行マンの方から聞いた言葉です。ワークショップの場で、抽象論を発言することによって自己満足する参加者を時折見かけることがありますが、こうした演説からは何も決まらず、ほとんど実際のコミュニケーションがなされていないことが多いと言ってもいいでしょう。

参加者の方から、プログラムに縛られて自由に発言できないという感想を時々もらうことがありますが、声の大きな人の堂々巡りの発言にうんざりしている参加者が多いことも事実であり、実際にはグループでおこなう議論と作業のなかで、次第にワークショップのルールが理解されていくことになります。

私たちのつくるプログラムでは、「自己紹介カード」[✦2]に始まり、「感想カード」[✦3]で終わるまで、たくさんのカードやポストイットに個人個人で意見を書いてもらいます。一連のプログラムでは、いわゆる書き言葉による話し合いの機会を意識的につくっています。これは記録に残すという意味もありますが、話し言葉の曖昧《あいまい》さやいわゆる「本音」という言葉のうさん臭さをフィルターにかけるという意味もあると考えてのことです。

こうした書き言葉による話し合いの現場を見ていると、なぜか全体の場で発言を求める人ほど書くことに対して抵抗感のある人が多いことは興味深い事実です。確かに、「まちづくりワークショップ」の一、二回目には、こうした筆談のようなコミュニケーションに対して不自由さを感じる人も少なからずいます。ある「まちづくりワークショップ」では、「小学生じゃあるまいし、何を書けというのか、時間も短く大体失礼だ」としかられてしまいました。しかし、こうした人も三回目あたりから、「まちづくりワークショップ」が実現するコミュニケーションの確かさに気付き、積極的に書き言葉のコミュニケーションを受け入れるようになります。

「まちづくりワークショップ」をコミュニケーションの手法として改めて見てみると、一

✦2 四〇頁事例2「自己紹介にテーマをからめた〈このまちを食べ物にたとえると……〉参照

✦3 一〇八頁事例19「参加者の意識の変化を映す感想カード」参照

回一回のワークショップにはそれぞれの目的があり、それぞれのワークショップはプログラムの構成によって特徴づけられていることに気が付きます。この特徴づくりが「まちづくりワークショップ」のプログラムデザインの質ということだと思います。

プログラムのディテールを考える

「まちづくりワークショップ」の実践例が全国に広がっている一方で、プログラムの役割に対する理解やプログラムの発想の重要性に対する認識は、決して十分だとは言えません。単なる時間割をワークショッププログラムと誤解し、ディテールのないプログラムデザインがそのまま実施されている事例も少なくないからです。

プログラムのディテールとは何でしょうか？　プログラムによって引き出されるコミュニケーションの内容についてもう少し細かく見ていくことにしましょう。

コミュニケーションの形態を見てみると、参加者全員で話し合う場合、数人のグループに分かれて話し合う場合、グループの中の二、三人で話し合う場合などに整理できます。またコミュニケーションの目的について見ると、個人の経験や体験を聞く、全体で情報を共有する、体験を共有する、意見を出し合い整理する、提案や企画をグループでまとめる、意見や感想を表現する、全体の意見をまとめるなどの目的が考えられます。コミュニケーションのかたちと目的に最も適した方法を必要な道具などとともに工夫することが、プログラムのディテールをつくるということです。

一つ一つのプログラムには、具体的な作業イメージと到達目標が示されなくてはなりません。例えば、「最も大切だと思うことをグループで三つ考えてください」という目標を設定する場合があります。この場合、三つという数字に特に意味はなくても、時間内にグループで話し合って、三つを選び取るという具体性が重要なのです。地図や年表、スケジュール表に提案をまとめるのも、具体的な入れ物を用意して、話し合いの成果にかたちを与えることが重要だからです。

創造的にプログラムをつくる

一方で、世田谷まちづくりセンター発行の『参加のデザイン道具箱』✦4のような手引き書の普及によって、「まちづくりワークショップ」で使われるプログラムの内容がマニュアル化され、形式化しているという弊害が指摘されるようになってきました。

確かに、似顔絵を描く自己紹介のプログラムも参加者によっては負担が大きく、楽しみが少ないプログラムになっている場合があります。どんな人たちが集まり、何をテーマに話し合うのか、その地域のコミュニティの課題は何なのか、そうしたことを知らずにプログラムを組むことは相当な冒険です。

何度ワークショップを体験しても、第一回目のワークショップはやはり緊張するものです。ワークショップのプログラムは、コミュニケーションのかたちと目的、そして最も大切なことは、その場の空気に合わせて考案されなくてはならないということです。基本的に『参加のデザイン道具箱』などのマニュアルは、プログラムづくりのヒントにとどめ、毎回オリジナリティのあるプログラムを開発するような意気込みで取り組んでもらいたいと思います。プログラムを考え、準備する部分がファシリテーターの仕事の本質であると私は思っています。「まちづくりワークショップ」を構成する一つ一つのプログラムこそが、参加者のコミュニケーションを生み出す技術であることを忘れないでください。

✦4 ワークショップ手法のレシピ集。平成五年に第一巻が発行され、現在までに四巻が発行されている。一六一頁参照

『参加のデザイン道具箱』（世田谷まちづくりセンター発行）

さまざまなまちづくりワークショップで配られたプログラムの表紙。ワークショップでは毎回、プログラムの内容と時間配分を説明したチラシが参加者に配られるが、その表紙からはワークショップの楽しさが伝わってくる。

「まちづくりワークショップ」の創造性

個々のプログラムの体験のなかには、それぞれ小さなドラマが詰まっています。もちろんそれぞれのプログラムの効果は、基本的に参加者のつぶやきや意識の変容を読みとることによってしか客観的に理解することができないものですが、プログラムの中には、繰り返し使われる比較的汎用性の高いものや、重要な節目をつくり出し、参加者の創造性を引き出す力の強いものがあることも経験的にわかってきています。

そうは言っても、その手法によって引き出される「まちづくりワークショップ」の成果に、正解や不正解があるわけではありません。参加者自身が、あるいはその地域が、あくまでもその内容を受け止めることができるかどうかが、判断の物差しのすべてだと思っています。

「まちづくりワークショップ」がうまくいった時、それは参加者が優れていたからだという評価を聞くことがあります。しかし、私は「まちづくりワークショップ」の創造性は、参加者それぞれの知識によって支えられているのではないと考えています。それぞれの参加者の問題解決力が引き出され、それらが掛け合わされ、展開されることが期待されているのです。ワークショップでおこなわれる議論に対して、時折情報不足を理由に専門家の判断を求める声もありますが、話し合いの課題に対する考え方や意見は、その場に参加している人が持つ知識以上のものにはなり得ないにもかかわらず、話し合いの成果が十分豊かな内容を持つことができると考えるのは、具体的な課題に対して参加者がどのようにかかわっていくかが問われているからです。参加者の意見に耳を傾けることこそが、「まちづくりワークショップ」の創造力の秘訣なのです。

プログラムに託された六つの役割

「まちづくりワークショップ」のプログラムに期待されるコミュニケーションの内容はさまざまです。「まちづくりワークショップ」を構成する一つ一つのプログラムが、どんな目的で実施されたかを整理してみると、次のような六つのコミュニケーションの目的が浮かび上がってきます。

一、まずは共通の土俵をつくる――情報共有コミュニケーション
二、百聞は一見にしかずの精神で――体験共有コミュニケーション
三、考えられることはすべて出してみる――意見表出コミュニケーション
四、創造し表現する楽しさを味わう――創造表現コミュニケーション
五、全体と個の関係づけを工夫する――意見集約コミュニケーション
六、場の変化をとらえて記録する――その他のコミュニケーション

次頁からそれぞれの特徴的なプログラムの実際を、事例を通して具体的に紹介していきましょう。

まずは共通の土俵をつくる

情報共有コミュニケーション

1

全体の場で情報を伝える

「まちづくりワークショップ」の第一回目は、まず一連のワークショップの位置づけと目標、全体のスケジュールを示すことから始まります。その際、すでに何が決まっていて、何をこのワークショップで決めることができるのかを明確にしなければなりません。さらに予算や土地、時間の制約など話し合いの前提としなければならない条件は、予定の段階にあるものも含めて最初にわかりやすく伝えるようにします。

行政と市民が長年にわたって不信感を積み重ねてきている場合には、参加者はワークショップがガス抜きか市民参加のアリバイづくりに利用されることを警戒し、ワークショップの成果がどのように行政の決定内容に反映されていくのか、その点に強いこだわりを持つことがあります。行政担当者の苦しい立場を理解してもらえる場合はいいのですが、最初の段階では、往々にして両者とも不信感と警戒感を前面に出してぶつかることがあります。行政サイドの曖昧な対応は、不信感を増幅しがちですし、杓子《しゃくし》定《じょう》規《ぎ》な対応は、参加者の心をかたくなに閉ざしてしまいます。担当者としては、個人としての思いをにじませながら、あくまでも誠実に対応することを基本的な態度と考えてください。

従来の説明会はともすれば市民にできるだけつっこまれないように、情報を最小限に抑えて説明しようとする傾向がありました。説明に使う資料の出し方一つをとっても、ファシリテーターはできるだけ情報を参加者に対して公開してもらうように、行政担当者との綿密な打ち合わせが必要になります。参加者全員に配布したほうがよい資料（参加者が持ち帰ることができる資料）、グループに一つあればよい資料（基本的に持ち帰ることはできない資料）、壁に大きく貼ってあればよい資料、その場で見ることができればよい資料に分けて、それぞれどのように提示するかを判断しなくてはなりません。特に貼り図については、遠くの席からでも文字が読め、内容がわかる大きさに拡大することを忘れないでください。拡大コピーの活字は細くて見えないことが往々にしてあります。模造紙にマジックで手書きした文字は意外と遠くからでも読めるものです。

お互いにわかったつもりでおこなわれるすれ違いの議論を防ぐために、ファシリテーターは必要な情報を適切に提供しなければなりません。あるワークショップで、公園の中にスケートボード用のランプをつくるべきかどうかをお母さんとおじいさんがワークショップの席上で激論したことがありました。その末にわかったことは、どちらも実際のランプを見たことがなく、正確な大きさも使い方も知らずに「先入観」と「べき論」で対立していたという笑えない事実でした。

情報提供の仕方も単に資料を渡すのではなく、クイズ形式にしたり、演劇仕立てにしたり、経験者に話を聞いたり、参加者の構成や人数に応じて最も伝わりやすい工夫を追求したいものです。いかにわかってもらうことができるか、その本気さを参加者に伝えることが重要です。情報伝達のプログラムを考える時、最も重要なことは主催者と参加者の間の情報の対等性が実現されるかどうかという点にあります。情報の対等性なしには、創造的なワークショップは決して実現できないからです。ファシリテーターとして、初期の段階で主催者である行政との打ち合わせに大きな労力を使うのは、このためであると言ってもよいでしょう。

参加者の持っている情報を出し合う

主催者側が用意した情報ではなく、参加者それぞれの体験や知識をもとに情報を出し合うことを目的にしたプログラムも共通の土俵をつくるために大切なプログラムです。それぞれの参加者は、自分の身近な範囲の地域や記憶にあるできごとについては語ることができますが、意外にその地域の全体像は知らないものです。それらをつなぎ合わせ、全体像をつくる作業は、参加者にとって意外な発見のある魅力的なプログラムとなります。

「自己紹介プログラム」は、こうしたプログラムの代表的なものです。「自己紹介プログラム」では、それぞれの参加者に何を紹介してもらうのかがポイントとなります。参加者相互にとって発見のある答えを引き出せるかどうかは、問いかけ方の工夫にかかっています。参加者の意欲を高めると同時に、貴重な情報が得られた自己紹介プログラムの事例を次にいくつか紹介してみましょう。

●メタファー自己紹介

まちや人を食べ物や自動車の部品（アクセル、ブレーキ、ハンドルなど）など、身近なものにたとえるこの自己紹介プログラムは、意外な答えが想像力を広げてくれるユーモアに満ちたものです。

例えば、「あなたのまちを食べ物にたとえると……」、「計画敷地はまちの中でどんな位置にありますか、人間の体にたとえてみてください」、「あなたはコミュニティの中でどんな役割を果たしていますか、自動車の部品にたとえてください」など。

●ネットワーク自己紹介

地域通貨[✦5]をテーマにしたワークショップをきっかけとして考えたこの自己紹介プログラムは、コミュニティの中で自分自身のつながりを改めて知る興味深いプログラムとなりました。改めて地域のネットワークが見える自己発見的プログラムです。

例えば、「最近、人からしてもらってうれしかったこと、人にしてあげて喜ばれたことは？」

●マッピング自己紹介

区画整理対象地区や駅前広場整備、道路整備などを対象にしたワークショップの場合、参加者がどこに住んでいるかという情報は重要です。地図を使ったプログラムとして、まちの宝物探しなどと組み合わせて実施するとよいでしょう。

「あなたが住んでいる場所にシールを貼ってください。そして、あなたのまちの宝物を教えてください」

この問いかけは、自分のよく知っている場所や事実を答えればよいので、参加者にとって戸惑うことなく取り組める負担の少ないプログラムです。

●まちの年表づくり自己紹介

衰退した商店街の再生をテーマとした「まちづくりワークショップ」の自己紹介プログラムで考えたのは、かつて賑やかだった頃の商店街がどのように衰退していったかを、参加者の記憶でつづってみることでした。

「あなたのまちの記憶に残るできごとを書き出してください。みんなの記憶でまちづくり年表をつくります」

多くの人の記憶を編み上げることで、まちの全体像が再認識できる発見のあるプログラムです。

✦5

国が発行する日本円や米ドル、ユーロなどの「法定通貨」とは異なり、コミュニティが独自に発行し、物やサービスを特定の地域やグループの中で循環させることによって、市場では成り立ちにくい価値を支えていくための通貨。

法定通貨のように中央銀行が発行するのではなく、コミュニティ自身の手でつくり出す点、また特定の範囲でのみ通用し、「法定通貨」のように利子がつかない点などに大きな特徴があり、こうした点からコミュニティの構築や地域経済の活性化などを促進する上で有効とされ、世界各国で約二〇〇〇、国内約一四〇地域で導入されている。

●事例1

行政の本気を伝えた寸劇「区画整理推進課の悩み――みんなの良い街さがし」

篠崎駅西部地区まちづくりワークショップ

自分が暮らす地域やコミュニティで解決しなければならない問題が発生した。そういう個人や家族だけでは解決できない、コミュニティ全体で考える場をつくり出す発端にはどんな類《たぐい》のことがあるでしょう。

例えば、阪神・淡路大震災の被災状況を見て、自分たちの地域も防災についてもっと考えねばならないとか、少年犯罪が目に見えて増加しているなかで、地域として教育や見守りについて考えねばならないとか、そういったことは本来コミュニティが自分たち自身で課題にどう対処するか、自主的に考えることであるはずです。しかし、日本では多くの場合が行政側から地域に投げかけられるまちづくりの課題とそれに対応した事業であり、住民の発意から始まることは少ないようです。

区画整理事業も行政側から地域に投げかけられる課題の一つです。区画整理がおこなわれる状況は大きく分けて二つあります。一つは、すでにできあがっているまち（既成市街地）で、現在の法律を守ると家を一軒一軒建て替えることが困難で、道路を広げたり新しくつくる必要がある場合です。もう一つは、農地の広がっている場所などに建物の建てられる土地を整備する場合です。またこの事業は地主さんたちが組合をつくっておこなう場合と、行政がおこなう場合があります。

江戸川区篠崎駅西部地区は既成市街地型の行政施行による区画整理事業区域です。昭和四四年に「区画整理予定区域」として都市計画決定され、平成七年になってやっと住民に対して整備計画案が出されました。当初、区から提案された計画案は、駅前から柴又街道まで地区内に補助幹線道路を引き込むというものでしたが、その後計画が変更され、住民参加による区画整理事業を進めるまちづくりが再開されたのは平成一〇年度のことです。

区画整理事業は、住んでいる人や商売をし

ワークショップ概要

名称　篠崎駅西部地区まちづくりワークショップ

分野　区画整理事業におけるまちづくり

主催　東京都江戸川区区画整理推進課

参加者　対象地区住民

実施年　一九九七年～

実施場所　東京都江戸川区

ている人たちが一度立ち退き、土地が整備された後で換地されて建物を建てるので、今まであった建物を壊したり、移転して出ていく人に対して補償するお金が多額にかかります。景気の低迷により篠崎駅西部地区ではこれまで周囲の地区でおこなわれてきた事業のように、多額の移転補償費を使って事業を進めることは難しいという状況にありました。まちづくりが再開されるまでの二年間、行政から住民に対する説明はなく、住民は不信感を募らせていました。

　そのような状況のなかで、区の担当部署の区画整理推進課は、住民に対してお金のかからないようなまちづくりをしましょうなどと言えないという悩みを抱えていました。そして税金を使っても、「これが私たちの誇りの持てるまちづくりだ」と地域住民が胸を張ってほかの区民に言えれば、投入される税金は無駄にはならず、多くの理解を得られるのではないかと考えました。しかし、それを地域の人たちに理解してもらうためには、行政の「本気」を伝えるための工夫が必要でした。「今度はこれまでとどこか違うぞ」というインパクトのあるわかりやすい方法が必要だったのです。

　そうした必要性から編み出されたのが、担当職員たちの体当たり寸劇「区画整理推進課の悩み――みんなの良い街さがし」でした。早速、市民演劇の経験のある職員が脚本・演出を務めることになり、課の職員全員が役者となって準備に取りかかりました。ワークショップの当日、篠崎コミュニティ会館のスポーツルームは九〇名を超える住民が集まりました。集まった住民は用意された舞台を見て、「いったい何が始まるのか」と言わんばかりの面もちで、ただならぬ緊張感が走りました。ここで滑ったら住民の信頼を得られないまま事業を進めることになりかねません。そして一五分の熱演が終わると、一瞬狐《きつね》につままれたように会場は静まりかえり、次に住民から大きな拍手がわきました。

　かくして「今度こそ区は本気で区画整理を進めるつもりがあるらしい」という噂《うわさ》が篠崎駅西部地区を駆けめぐり、住民参加の区画整理のまちづくりの幕開けとなったのです。

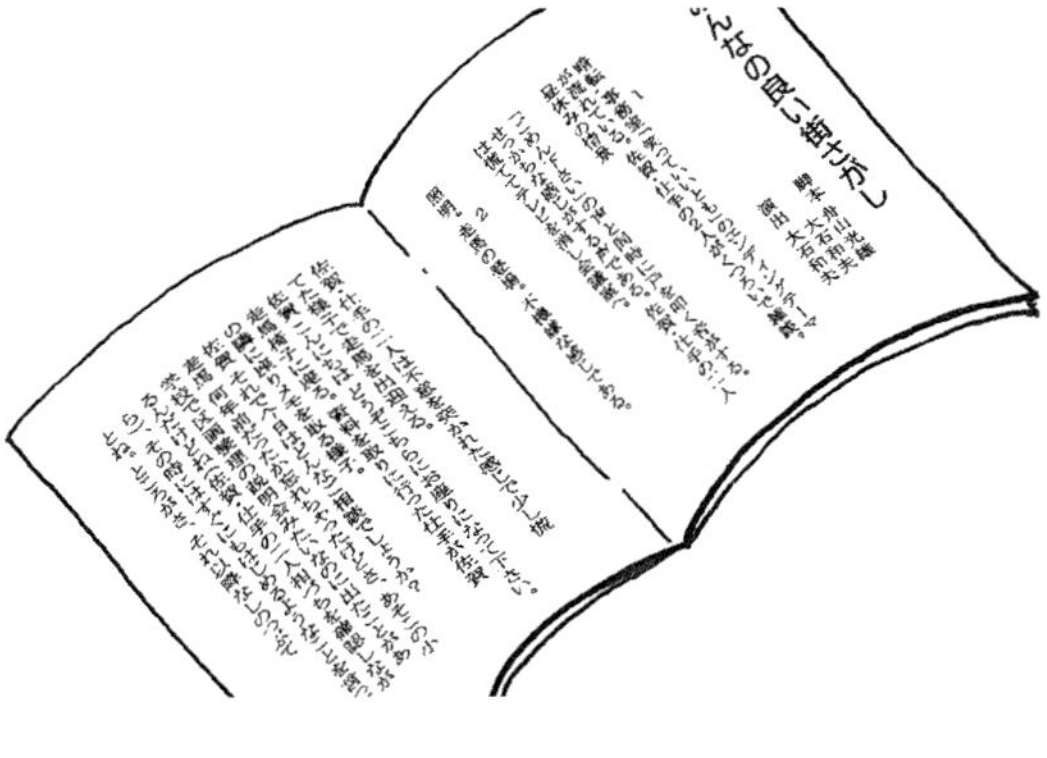

●事例2

自己紹介にテーマをからめた「このまちを食べ物にたとえると……」

須崎町まちづくりワークショップ

直方《のおがた》市は、福岡県の東側に位置する人口約六万人の地方都市です。須崎地区は、市の玄関口であるJR直方駅のすぐそばにある商業、工業、住宅が入り混じったまちで、昭和三〇年代、筑豊《ちくほう》地方の炭坑が栄えていた頃までは大変にぎわっていた地域です。

しかし、現在はシャッターの閉じた店がアーケード街に連なり、高齢化も進んできています。その一方で、商店会は空き店舗の活用に知恵をこらしていたり、駅のすぐそばということからマンション建設が進んできています。

日本全国どこでもありそうな昔の元気を取り戻したいと思っているこのまちで、区画整理事業を含めたまちづくりの話が持ち上がりました。そこで行政担当者は地元の人たちと一緒に計画をつくっていこうと考えました。そして、私たちもワークショップによるまちづくりに一役買うこととなりました。

私たちは第一回から数回のワークショップの初めに、「自己紹介プログラム」を組み入れています。同じ地域に住む人でも案外お互いのことを知らなかったり、初対面であれば緊張もするでしょう。ましてやほかの人がまちづくりにどんな思いを持っているか、普通は知りようがありません。

そこで、ワークショップでは「自己紹介プログラム」に話し合いのテーマをうまくからめる工夫をしています。須崎地区でおこなった例では、「このまちのイメージを食べ物にたとえると……。そして、そのココロは……」というテーマで、自分たちのまちを食べ物で表現してもらいました。まったくたわいないアイデアのようですが、実は私たちが何時間も議論してたどり着いた結果なのです。

「第一回目の最初から、いきなりはずしてしまわないかな」

「いや、最初にうまくみんなの心をつかめれ

ワークショップ概要

名称　須崎町まちづくりワークショップ
分野　中心市街地の整備（都市計画）
主催　直方市建設部建築都市課
参加者　対象地区住民
実施年　二〇〇〇～二〇〇一年
実施場所　福岡県直方市

ば、後の話し合いも自然と盛り上がるよ」

そんな不安と期待が半々で、須崎地区まちづくりの第一回ワークショップは始まったのです。

自己紹介カードを見ると、以前のまちの活気が失われたことをちょっと恥ずかしそうに、人によってはうんと辛口にけなしながら、「あったかいね」とか、「味わいがあるよね」と、まちへの愛情が吐露《とろ》されています。

改めて考えてみると、食べ物の記憶は、食べ物の味や見た目だけでなく、場所や一緒に食べた人のことや、その時の気持ちもひっくるめて覚えているものです。そういう食べ物にまつわる事柄が、自分の住むまちの風景や人間関係と重なってくるようです。

私たちの不安や期待をはるかに超えて、須崎地区の人たちは、食べ物というたとえ（メタファー）を通して、市民が主役のまちづくりで一番大切な「まちへの愛情」をみごとに表現したのでした。

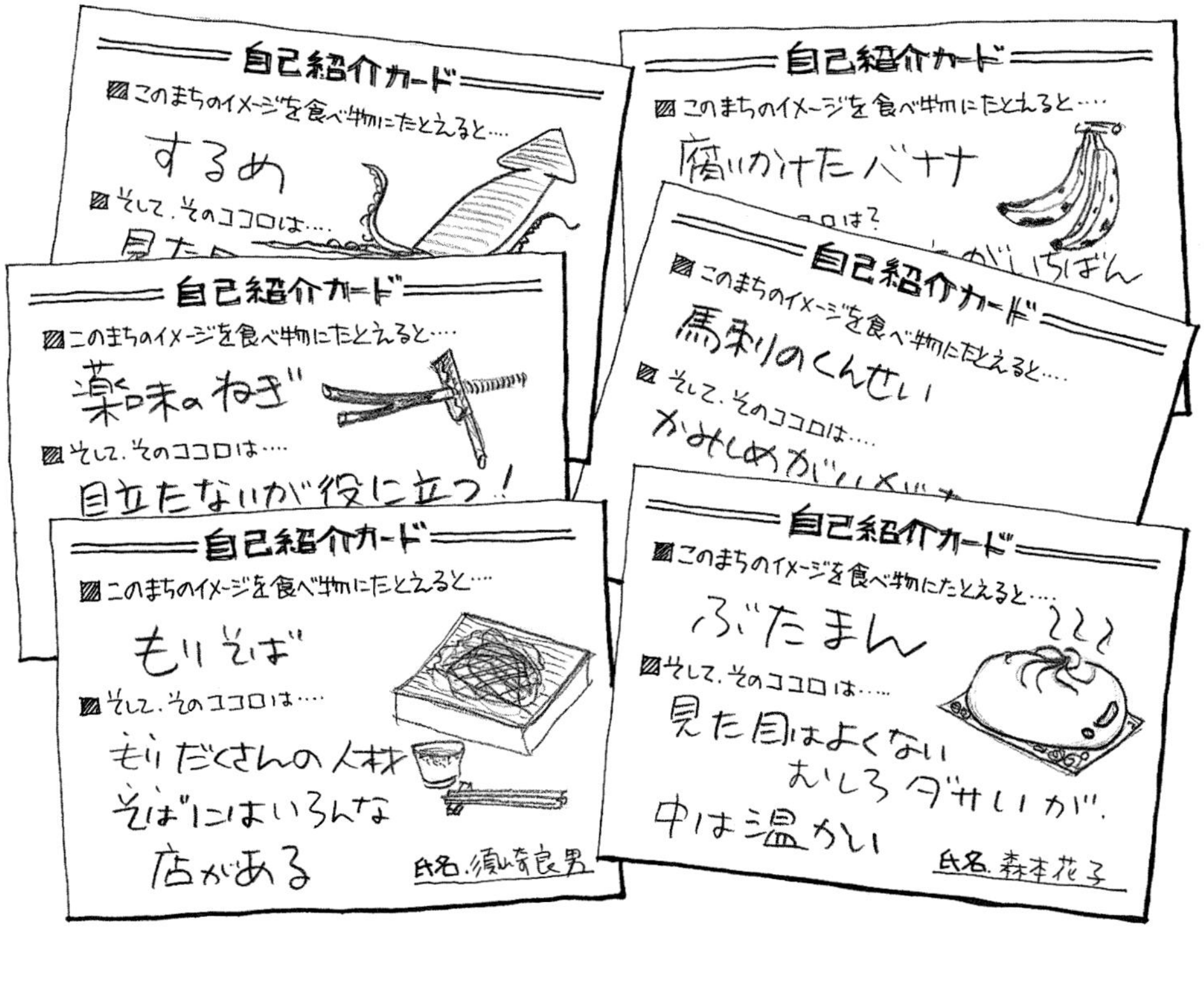

「このまちのイメージを食べ物にたとえると……」「そして、そのココロは……」

●事例3

みんなの記憶を共有する「個人史でつづるまちづくり年表」

須崎町まちづくりワークショップ

「情報共有プログラム」の一例である「個人史でつづるまちづくり年表」も直方市須崎地区の第一回ワークショップで試みられたものです。この「まちづくり年表」は、将来のまちづくりの話し合いを始める前に、ワークショップの関係者全員が、まちの歴史という情報を共有するために考えた工夫です。このプログラムは、次のような考え方でつくられています。

一、未来のまちづくりをしっかりと話し合うために、まずはまちの歴史をきちんと知ろう。ずっと暮らしているまちのことでも、知らないことが意外と多い。

二、まちの歴史を、たくさんの人々の暮ら

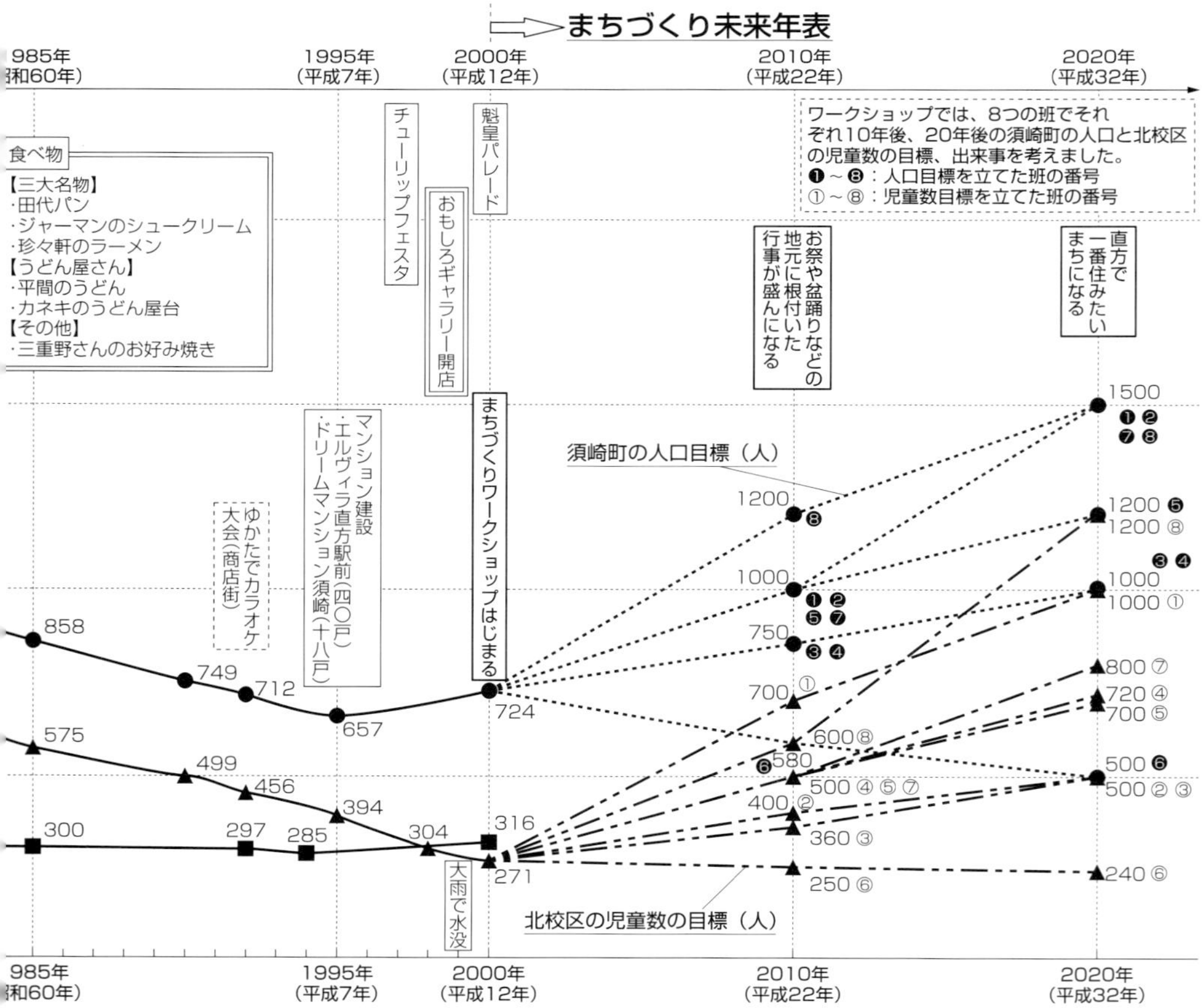

まちづくり未来年表
985年 和60年)
1995年 (平成7年)
2000年 (平成12年)
2010年 (平成22年)
2020年 (平成32年)
ワークショップでは、8つの班でそれぞれ10年後、20年後の須崎町の人口と北校区の児童数の目標、出来事を考えました。
❶～❽：人口目標を立てた班の番号
①～⑧：児童数目標を立てた班の番号
食べ物
【三大名物】
・田代パン
・ジャーマンのシュークリーム
・珍々軒のラーメン
【うどん屋さん】
・平間のうどん
・カネキのうどん屋台
【その他】
・三重野さんのお好み焼き
チューリップフェスタ
おもしろギャラリー開店
魁皇パレード
お祭や盆踊りなどの地元に根付いた行事が盛んになる
直方で一番住みたいまちになる
ゆかたでカラオケ大会(商店街)
マンション建設
・エルヴィラ直方駅前(四〇戸)
・ドリームマンション須崎(十八戸)
まちづくりワークショップはじまる
大雨で水没
須崎町の人口目標（人）
北校区の児童数の目標（人）
858
749
712
657
724
575
499
456
394
304
271
300
297
285
316
1200 ❽
1000 ❶❷❺❼
750 ❸❹
700 ①
600 ⑧
❻ 580
500 ④⑤⑦
400 ②
360 ③
250 ⑥
1500 ❶❷❼❽
1200 ❺
1200 ⑧
❸❹ 1000
1000 ①
800 ⑦
720 ④
700 ⑤
500 ❻
500 ②③
240 ⑥

しが集まったものとしてとらえ直してみよう。そして、みんなが覚えているような大事件や名物を掘り起こしてみよう。

三、数字から見える歴史、例えばまちの人口や小学生の数の移り変わりと、まちのにぎわいやできごとを重ね合わせて関係を見てみよう。

このような考え方で「まちづくり年表」をつくる作業が須崎地区でおこなわれました。作業はいたって簡単です。参加した人たちのまちの思い出をポストイットに書いてもらい、年表の年代に合わせて貼ってもらうということだけです。

しかし、そこに貼られた、たくさんのポストイットの一枚一枚には、参加者それぞれのドラマが詰まっているのです。お年寄りは昔の華やかだったまちの風景を、若者も子供の頃の記憶を一生懸命思い出しながら、まちの思い出を書いてくれました。こうして模造紙を横に五枚並べた大きな須崎地区の「まちづくり年表」が完成しました。

まちの人たち四五名と役所の人数名による「まちづくり年表」には、ありとあらゆる歴史が書き込まれました。例えば、昭和三〇年

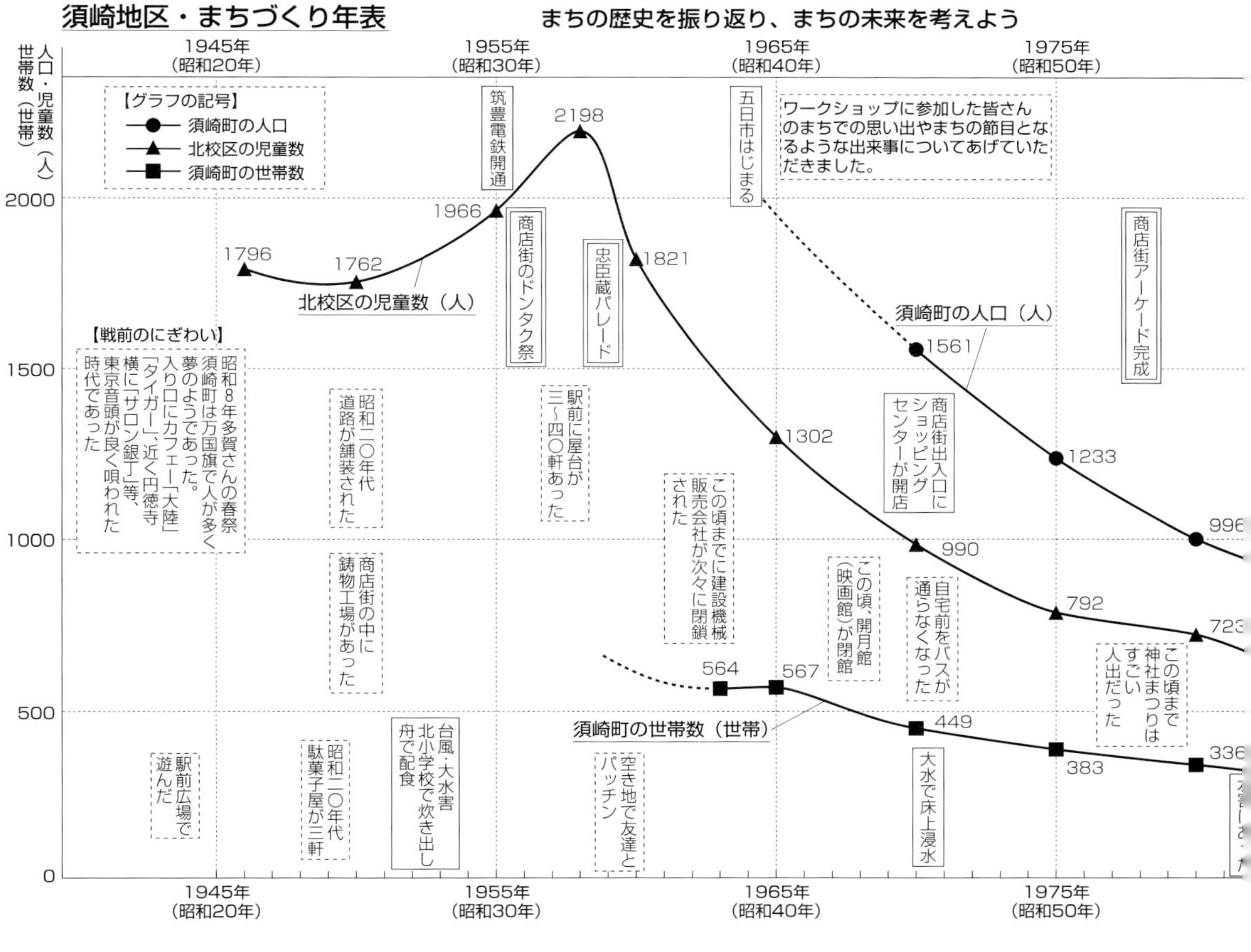

代、まだ炭坑が盛んだった頃の「石炭まつり」での忠臣蔵パレード。高校時代、放課後に通っていた映画館が四〇年代末に閉館してしまったこと。五〇年代の商店街のアーケード建設。こうしてかつてのまちのにぎわいや、だんだんと淋しくなっていく様子が参加者みんなの前によみがえってきました。面白いところでは、時代時代のまちのグルメ情報も「三大名物」とか、〇〇のパン、△△のうどんなど、ほかのまちの人にも知られていたことがわかりました。

さらに、まちの人口推移のグラフとまちのにぎわいの様子を重ね合わせてみると、昭和五〇年代に人口一〇〇〇人を切ったあたりから、「まちが淋しくなった」という感じが強くなってきたことがわかりました。しかしここ数年、近隣にマンションが建設されるようになって、減り続けた人口は少しずつ増えてきました。商店街活性化のさまざまなチャレンジも始まったところです。

まちを元気にするには、今が絶好のチャンス！「まちづくり年表」からは、そんなことが読みとれました。

道路や公園、下水道など、公共の施設づくりに関係がある話では、年表に「子供の頃、大雨で床上浸水し、家の中でおぼれた」などとあり、数年から十数年に一度は水びたしになっていた土地であることをワークショップの参加者は改めて認識し、よそ者である都市計画の専門家もこのまちの抱える大きな悩みを知ったのでした。

このように「まちづくり年表」を完成させ、まちの歴史を振り返った後、次に取り組んだのが「まちづくり未来年表」でした。未来には文字通り「白紙の年表」が続いています。まちのにぎわいを再び取り戻すためには、どのくらいの人がこの地域に住むようになればよいか、小学校は何クラスくらいになればよいかといったことを、「まちづくり年表」で学んだことも参考にして、みんなで話し合いました。

その後、三回のワークショップとその合間におこなった運営委員会で話し合いを重ねました。そして、平成一二年三月の最後のワークショップでは、それまでみんなで検討してきた将来のまちの姿が、「まちづくり計画案」というかたちにまとまりました。

模造紙でつくった大きな須崎地区の年表に、個人の歴史を重ねる。

ワークショップ概要
名称　須崎町まちづくりワークショップ
分野　中心市街地の整備（都市計画）
主催　直方市建設部建築都市課
参加者　対象地区住民
実施年　二〇〇〇～二〇〇一年
実施場所　福岡県直方市

2 「百聞は一見にしかず」の精神で
体験共有コミュニケーション

現場を体験する

現場周囲を参加者全員で歩いてみる「まち歩き」のプログラムは、体験共有コミュニケーションの中の最もオーソドックスなプログラムの一つです。その時に撮影した写真と組み合わせて、発見した地域の情報を地図上に記録する作業は、さまざまな地域の活動や情報を地図というメディアに重ね合わせる、不思議な魅力を持ったプログラムです。この手法には、GIS[6]やカメラ付き携帯電話などの最近の新しい技術の応用も考えられ、新たなプログラムが生み出される可能性がまだまだ秘められています。

「まちづくりワークショップ」の打ち合わせをしていると、担当者ですら実際の現場を知らずに議論しているような場合が案外多いことに驚かされます。ある県の環境共生住宅の基本設計を目的としたワークショップにおいて、非常識な居住者によっていかに県営住宅の維持管理が大変であるかを語る行政担当者が、実は現場に一度も行ったことがないことがわかり唖然《あぜん》としたことがありました。このような事例は論外であるとしても、あるまちの町営住宅建て替えワークショップの際に、相当程度理解のある担当の職員ですら住居の中にまで入ったことはないという事実が住まい方調査を進めるなかで明らかになり、意外な思いをしたことを覚えています。一人暮らしの高齢者の生活を目の当たりにした彼が漏

◆6
GISとは、地理情報システム(Geographic Information System)の略称。文字や数字、画像などを地図と結びつけて、コンピュータ上に再現し、位置や場所からさまざまな情報を統合、分析したり、わかりやすく地図表現したりすることができる仕組み。

らした次の言葉を今でも忘れられません。

「今まで、こんなお風呂に入ってたんか、絶対に建て替えてあげんとあかん！」

現場が与えてくれる情報は、誰もが理解できるごまかしのきかない豊かなものです。特に具体的なハードな建設計画を作成提案するような「まちづくりワークショップ」では、「現場体験ツアー」のようなプログラムは早い段階から是非実施したいものの一つです。

しかし、漠然と現場を見ていても駄目です。敷地を読みとるためにはそれなりの問いかけ方の工夫が必要です。五感で感じとれることをどのように答えやすく問いかけるかがプログラムの工夫のしどころです。例えば、「敷地読みとりアンケート」(四八頁以降参照)というプログラムを実施する際に、「敷地の中心はどこですか」、あるいは「敷地のおヘソはどこですか」と聞いても、感覚的にわかる人と何を答えてよいかわからない人がいるでしょう。質問が「敷地に入口の門をつくるとしたらどこがいいと思いますか」、「シンボルツリーがあるとしたらどこがふさわしいと思いますか」という内容であれば、小学生にも答えることができます。

ソフトな計画づくりの場合でも、実際の体験を共有することは参加者に大きな力を与えてくれます。一緒に食事をつくったり、植物を育てたり、ゴミを観察したり、温度を計測したり、参加者の主体性を育《はぐく》むのは知識ではなく、あくまでも体験なのだと思います。

「食のワークショップ」と私たちが呼んでいるプログラムは、参加者と私たちファシリテーターや行政担当者が一緒になって、得意な料理の腕前を競い合うというエキサイティングなプログラムです。愛知県豊明《とよあけ》市でおこなった「生ゴミダイエット大作戦！」というワークショップでは、ボカシ◆7と専用ポリバケツをワークショップに参加した希望者に配布して、毎日の生ゴミ観察日記をつけてもらうようにお願いしました。鳥取県の環境共生住宅の「住まい学校」ワークショップでは、参加者全員にヘチマと朝顔の苗を配り、実際に庭

◆7
「ボカシ」とは正確には「ボカシ肥」などと呼ばれているもので、発酵処理をおこなった肥料の意味。ボカシを利用して発酵させた生ゴミは、家庭菜園などで良質な肥料となる。

で緑のカーテンを育ててもらいながら、その後のワークショップにつなげていくことを試みました。

現場で確かめる

特に具体的な施設づくりをする「まちづくりワークショップ」の場合には、現場から何らかの手がかりを得て提案をつくったら、次は現場で原寸で確かめることをします。

東京都が管理する道路の「環境施設帯」と呼ばれている緩衝地帯の計画を対象にしたワークショップでは、道路の環境施設帯を一部モデルとして実際に現地につくって確かめるといった本格的な原寸確認をおこないました。そこでは最後まで遮音壁の有無が大きな問題となりましたが、行政担当者とさまざまな意見を持つ住民の議論を一歩先に進めることができたのは、景観上の問題や実際の遮音効果を現場で実際に確かめるという共有体験があったがゆえのことだと思います。神奈川県大和市では区画整理に伴う商店街のモールが中学校を移転した後のグラウンドに計画されるということで、地権者の方々にモールのスケール感を原寸で確認してもらいました。建築施設の計画では、更地《さらち》となった現地や学校の校庭、体育館などを利用して白線を引いて図面を原寸で確かめるといった簡便な方法でも、できる範囲でやってみることが重要です。必ず何かを発見する大きな効果の期待できるプログラムとなるでしょう。

「まちづくりワークショップ」は現場で考えることから始まり、現場で確認することで終わると言ってもよいほど、現場は大切な情報源です。机の上の論議だけでは決して合意に至らない困難な壁でも、それを乗り越える可能性を現場の共有体験は与えてくれることでしょう。合意形成のために現場は限りなく豊かな情報をもたらしてくれるのです。

●事例4

現地で初めてわかることがある「敷地読みとり体験」

丸池復活プランづくりワークショップ

東京都三鷹市には丸池という二八年前に姿を消した湧水池がありました。丸池は地域を流れる仙川《せんかわ》の水源の一つでした。その丸池を復活させたいと、三鷹市では市民によるワークショップがおこなわれました。この丸池復活には、昔ここで遊んだ人たちの強い思いがありました。彼らは、このワークショップの中で「語り部《べ》」として大きな役割を果たすのですが、彼らの言葉を聞いても写真を見ても、昔の丸池を知らない人たちにとってはやはり想像の中の丸池であり、新しい丸池だったのです。

この語り部たちと住民たちが一緒につくっていった「丸池復活プランづくりワークショップ」は、一九九七年二月から一一月までの七回、一九九八年七月から一九九九年四月までの四回、計一一回のワークショップによってプランがまとめられました（第3章参照）。そして二〇〇〇年の春、丸池は復活します。この一連のワークショップの中から「敷地読みとり体験」のシーンを次に紹介しましょう。

■全員参加で池の大きさを決める

かつて丸池のあった周辺を歩いたり、仙川の水質を調べたりした第一回ワークショップに続いておこなわれた第二回ワークショップでは、現地で実際に丸池の大きさや位置について検討しました。

初めに敷地全体を歩きながら、当面整備を予定している場所を確認。また仙川の水位や試掘井戸の水位を確かめました（ここは現在ではポンプが付けられ、子供たちの重要な遊び道具となっています）。その後、丸池のあった当時を知っている語り部たちから丸池の位置と大きさの説明を聞きました。そしていよいよ丸池の大きさの検討に入りました。

「この敷地に対して最大だと思う丸池の大きさに、みんなで手をつないで広がってくださ

ワークショップ概要

名称　丸池復活プランづくりワークショップ
分野　公園づくり
主催　三鷹市まちづくり公社
参加者　周辺住民
実施年　一九九七〜一九九九年
実施場所　東京都三鷹市

い！」

ファシリテーターの一言に、ぱっと広がる七〇余人の輪。どんどん大きくなって、手をつないではいられないほどに広がります。

「昔の丸池はこんなに大きくはないですよ」

そんな語り部の声も届きません。

「これ以上、こっちに寄ると家に近すぎるね」

「こんなに広がると、工事の壁の間に通路もできないよ」

だんだんと調整しながら、人の輪による大きな大きな丸池ができ上がりました。

「これでいいですね？　では、大きな池のイメージとして、これより小さくしたくないと思う丸池の大きさになってください！」

今度は手をつないで最小だと思う丸池の大きさになるまで近づいていきます。「これ以上は一歩も譲れない！」と動かない人もいて、最小とはいえ最大の半分までにはなりませんでした。

こうして最大、最小の丸池の大きさが決められました。私たちは参加者の思う丸池が思いのほか大きいことに驚かされました。まだ何もない、ただの雑草の生えるこの公園に、「思い出の丸池」と「新しい丸池」が一つに

なって、ぼんやりと見えてきたのです。また最後まで「周辺の家のことを考えて大きさや植樹については考えるべきだ」という意見が出され、現場で実際に体験することの大切さを実感したワークショップとなりました。

■五感で読みとろう

第三回目のワークショップでは「敷地読みとりアンケート」をおこないました。これは「公園の出入口はどんなイメージ?」、「仙川に降りていくことができるとしたらどこから?」、「敷地に泉をつくるならどこに?」という三問に答えながら、三人一組で敷地を体験するワークショップです。

ワークショップ当日は天気にめぐまれ、たくさんの子供たちも参加しました。木に登ったり、花を摘んだり、駆け回ったり。原っぱと遊具の公園に、丸池が復活した様子を思い浮かべながら歩きました。普段は入ることができない雑木林も開放され、丸池に面して建つことになる住宅のフェンス際にも立ってみました。

「夜、ここまで人が入ってくることを考えると、ゾッとする」という近隣住民の心配に参加者も共感。「近隣住民の納得する話し合いを希望する」、「意見交換、グループごとの質問の時間を持ってほしい」など、十分な話し合いを望む声が多く聞かれました。

その後、敷地で体験したことを言葉と形で表現する「起こし絵模型づくり」を六グループに分かれておこないました。まずは公園全体のイメージを用意した「ことばイメージカード」から選びます。ここでは「自然体験型公園」、「原風景再現型公園」といった、自然と親しみながら遊べる公園が、全グループから提案されました。次に公園がどのように利用されるか、どんなことがおこなわれるかを「アクティビティカード」から、またどんな生き物がいるかを「生物カード」から選び、具体的に考えていきました。

「お弁当を食べるならあの辺り……。大きな木があるといいね」
「ここには水田をつくって収穫までの作業にきちんと関わっていこう」
「ひなたぼっこは絶対にここ。とても気持ちがよかった」

こうして参加者の間でバラバラだった丸池のイメージは、敷地を体感し、その後のワー

丸池公園の起こし絵模型

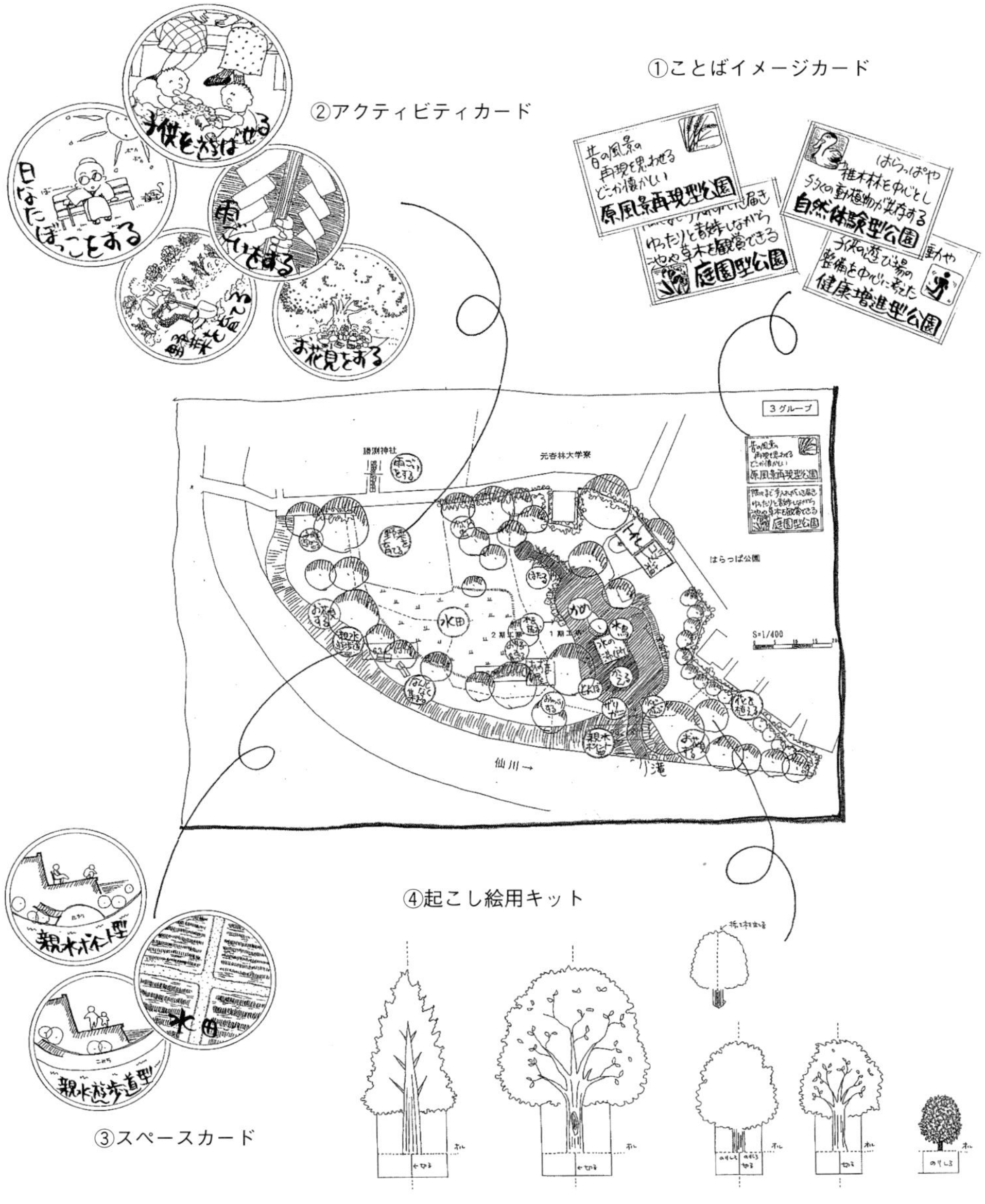

丸池公園の計画デザインゲームのために
用意されたさまざまなイメージカード

クショップの作業を協働するなかで、次第に近づいていったのです。

　第二、三回のワークショップでおこなわれた敷地体験から「近隣の方への配慮は最優先の課題」で、「一番近くに住んでいる人の納得のいく案をつくる」ことが、それ以降のワークショップで毎回確認されていきました。実施設計ワークショップにおいても、「近隣のお宅との間にも遊歩道をつくってもよいのではないか」という提案に対し、「広場と近隣の住宅の間に人が入れないような植栽をする」という計画が、植栽検討グループから出されたのです。

■思い出の杉の木は残った

　第五回ワークショップでは、特大の模型を使って、設計者の出した案を全員で検討し、修正提案を出し合いました。そしてその提案を設計者が再検討した案を、第六回ワークショップで現地において確認しました。ここでは、設計者がツアーコンダクターとなり、敷地に縄張りしたところを案内してまわりました。そして前回、参加者より修正されたものや設計者自身が迷っている問題などを説明

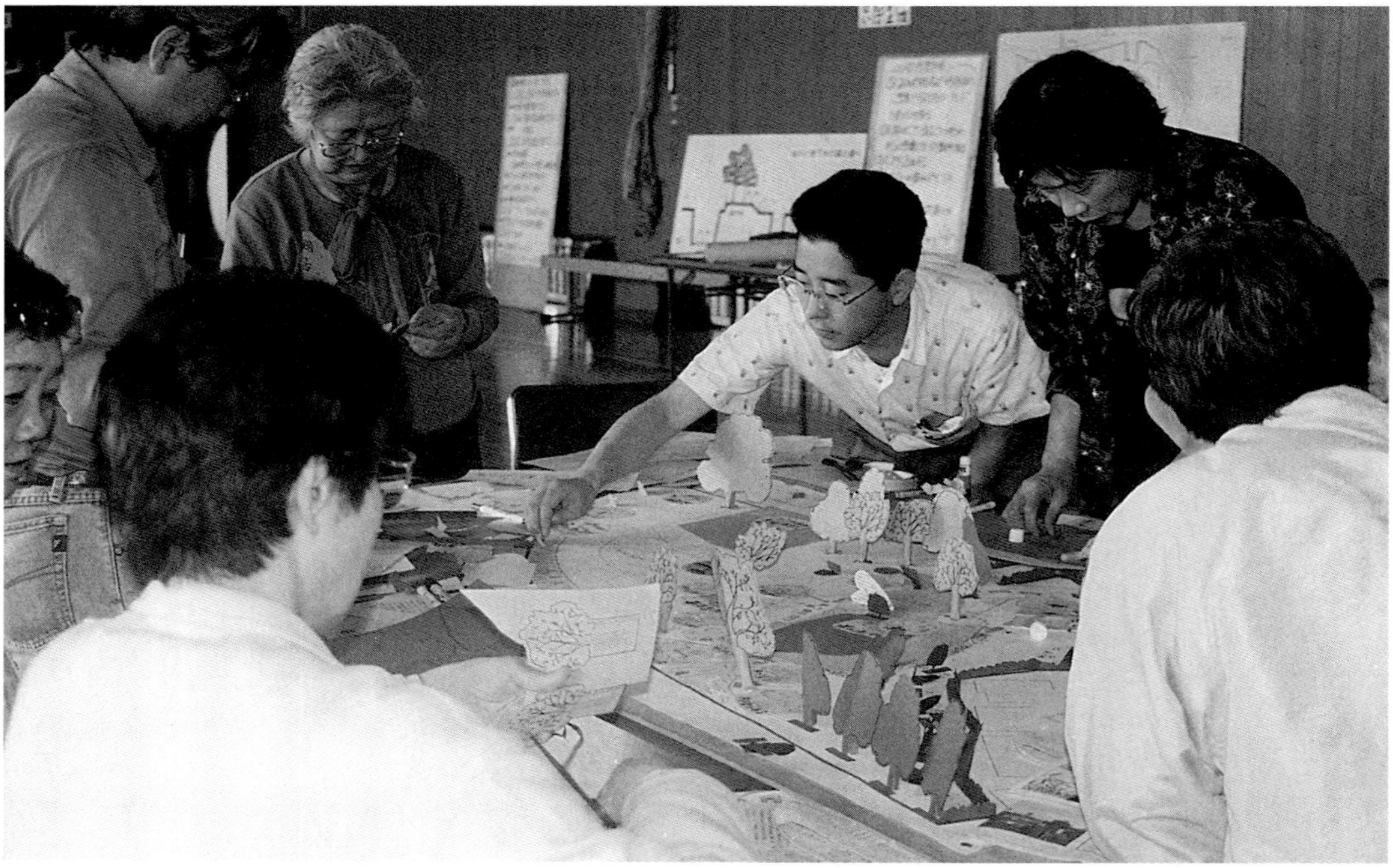

みんなでつくる起こし絵模型は、丸池に対する共通イメージをより鮮明にした。

し、意見を出してもらい、それぞれが気が付いたことを書き出しました。

「隣のOさん宅への配慮が足りない。目隠しや小川の位置をもう少し考えてほしい」

参加者からそんな意見が出されているところへOさんが登場。

「この杉の木は娘が生まれた時に記念に植えたものなので、池の形を少し変えたり植え替えるなどして、どうにか残してもらえないか。結果として枯れてしまうのは仕方がないが、初めから伐《き》ってしまうことはやめてほしい」

今の計画のままだと杉の木は池の中になってしまいます。その話を聞いた参加者たちは、池を少し変形させてでも、杉の木を残すことを設計者に提案しました。その結果、池の形が変形され、Oさんの思い出の杉の木は残ったのです。

■ついに丸池が復活

机上での検討と違い、参加者全員が現地で同じ課題を体験することで、それぞれが思い描く丸池が、だんだんと一つのイメージを持っていきました。子供も大人も、設計者も役人も、ワークショップに参加した全員に、その場にあるべきもの、あっていいものが見えてきたのです。近隣の人たちの思いが単なるわがままであれば、それはこういう場では自然と発言できなくなりますが、みんながその通りだと思うことは「より近隣に配慮したものにしてほしい」と、逆に参加者から設計者へ要望が出されるようになりました。

その後、さらに細部を詰める実施設計ワークショップを計三回おこなって、二〇〇〇年四月、ついに丸池が復活しました。三年以上も思い続けてきた丸池の復活です。そこに現われたのは、さも昔からあったかのような自然な丸池でした。池、樹木、小径、小川と井戸……ほかに特に変わったものがあるわけではありません。皆が望んだ「自然体験型」、「原風景再現型」の丸池であり、「私たちの丸池を実現できた」という満足そうな参加者の笑顔がそこにはありました。

このワークショップでは「丸池復活プランづくり運営委員会」が活動の中心となってきましたが、現在は「丸池の里　わくわく村」として生まれ変わり、「丸池わくわくまつり」をはじめとしたさまざまなイベントでの先導役となり、活発な活動が続けられています。

復活した丸池

●事例5

隣家からの距離を決めた「敷地体験ゲーム」

有松診療所づくりワークショップ

有松診療所は、私たちにとってまだワークショップ経験の少ない早い時期に取り組んだプロジェクトです。建て主は名古屋市の医療生活協同組合で、ワークショップの参加者はその組合員の方が中心でした。

設計者である私たちは、示された当初の建設予算が厳しいこともあり、建物の構造形式と全体の規模、具体的には何階建てにするのか、こうした検討課題を予算内に収まるように、最初の段階で選択してもらうことからワークショップをスタートさせる必要があると考えたのです。加えて、敷地の北側にある住宅に住んでいる人が、目の前に診療所計画があることを知って、組合員であるにもかかわらず建設に反対しているということも気になる情報として伝わってきていました。

第一回目のワークショップは、すべて現地でおこなうことにしました。幸いなことに計画敷地は何も建っていない空地。敷地の中央にテントを張って、五月の暑い日差しの中、新しい有松診療所をつくる「ビジョンゲーム」✦8に始まり、建物の位置と高さを検討する「敷地体験ゲーム」と、敷地の性格を読む「敷地読みとりアンケート」をおこないました。

この敷地は、三方向に道路があり、最も大きな幹線道路からは、ちょうど一階分低い位置にあるという特殊な条件を持っていました。診療所でデイケアをおこなうデイルームと診療所の中心となる診察室をどちらの道路に配置するのか、主要な玄関をどこに持ってくるか、駐車場と駐輪場をどこに配置するのか、こうした問題を設計者としても実際に現地で考え、利用者の立場から意見を聞いてみたいと考えたからです。

建物の図面だけを見せられていると、参加者は、「敷地一杯に建てればもっと待合室が広く取れる。一階に駐車場をもう一台分確保できるのではないか」という発言に終始する

ワークショップ概要

名称　有松診療所づくりワークショップ
分野　施設づくり
主催　南医療生活協同組合
参加者　生協組合員
実施年　一九九三年
実施場所　愛知県名古屋市

✦8
まちづくりや施設づくりのある段階で、少し先の展望を思い描くことが、問題解決の糸口になることがある。こうしたビジョンを写真などを使って相互にキャッチボールしながら深めていくワークショップがビジョンゲームである。たとえば、「こうしたい診療所」、「こうなってほしくない診療所」などのテーマに沿って何枚かの写真で紙芝居にまとめ発表するといった方法がある。

ことになりがちです。ところが実際の敷地で隣に住む同じ組合員の人の家を前にして、二階建ての建物が南側に建つとしたら敷地境界からどこまで離して建てるべきかを問うと、ほとんどの人は隣家の人の立場に立ち、ある程度離して建てるべきだと答えます。

予想される建物の高さを棒で示しながら、セットバックラインを一歩ずつずらし、適切な距離であると思うところで手を挙げてもらうというこのプログラムは、ある距離になったところで参加者のほとんどの人が手を挙げるという、なんとも劇的な結論を得て終わることになりました。

「図面通りの外壁の位置にラインを引くと、この線になります」

「これじゃダメだわな。隣の人に納得してもらえん」

「では一歩ずつラインを動かしていきますので、よいと思ったところで、手を挙げてください」

何回目かの確認で、いっせいに多くの人の手が挙がりました。結果として建物を四・三メートルセットバックすることがその場で決まったのです。

●事例6

「庭のある待合室」を選ばせた現地での確認

潮江診療所づくりワークショップ

潮江診療所はワークショップ方式で基本設計を進めた尼崎市の医療生活協同組合の診療所新築移転プロジェクトです。第一回のワークショップでは、敷地周辺のまち歩きをおこない、新しい診療所の通院経路をみんなで点検しました。

「案内看板をどこに出せばいいんやろ」

「車で来る患者さんは迷うんちゃうやろか」

「このお風呂屋さんを利用してデイケアができたらいいんやけど」

現地での話題はつきません。

潮江診療所の新しい敷地は、西側が道路に接していて、東側の奥の部分が南に少し膨らんだ形をしていました。第二回ワークショップで配置計画を考えるデザイン・ゲームをおこない、駐車場と駐輪場の必要台数を前提条件とした建物配置の可能性をグループで検討しました。その結果を三つのタイプの配置計画案として設計者が整理しました。

第三回ワークショップでは、グループに分かれて現地を何度も確かめた上で、三つのタイプから一つを選び、診療所の間取りを考えてもらうデザイン・ゲームを実施したのです。結果は予想に反して動線の最も長くなる長方形の建物形状が選ばれたのでした。参加者の多くが望んだのは、狭いながらも南側の庭に面した日当たりのよい待合室だったのです。

通常、設計者が診療所の職員のみと打ち合わせて間取りを詰めていくと、こうした結果にはならないでしょう。動線を短くすることが優先され、待合室はすべての部屋の真ん中に置かれ、外に面する窓がないような配置計画になることもあり得ることです。

専門家でなくとも多くの人の目は、何を大切にすべきかを見抜く力を持っているものです。問題は検討テーマの設定と決定の手順です。まず敷地周辺で何が大切な要素であるか

ワークショップ概要

名称　潮江診療所づくりワークショップ
分野　施設づくり
主催　尼崎医療生活協同組合
参加者　生協組合員
実施年　一九九七年
実施場所　兵庫県尼崎市

日当たりの良い待合室

ボランティアによる庭の手入れ

をみんなで確認することが重要です。次にその大切なことを活かすように配置を考え、建物内部の間取りへとテーマを広げていけば、参加者は既成概念や断片的な知識やこだわりを乗り越え、周囲の環境への配慮や機能論で見失いがちな快適な空間を選び取っていくことができるようになります。

結果として、潮江診療所には完成と同時にボランティアで庭の手入れをする組合員さんが現われ、日々の花づくりに余念がありません。最初の年にはみごとなひょうたんをたくさん収穫することができたと聞いています。

現地に立って敷地を読むプログラムは、専門家と参加者が対等に議論しやすい土俵をつくってくれます。設計者として意外な結果になることが多いと感じる反面、結果そのものは常に妥当な内容であることを思うと、先入観や既成概念に縛られているのは専門家である自分自身だという皮肉な結果に気付くこともしばしばです。

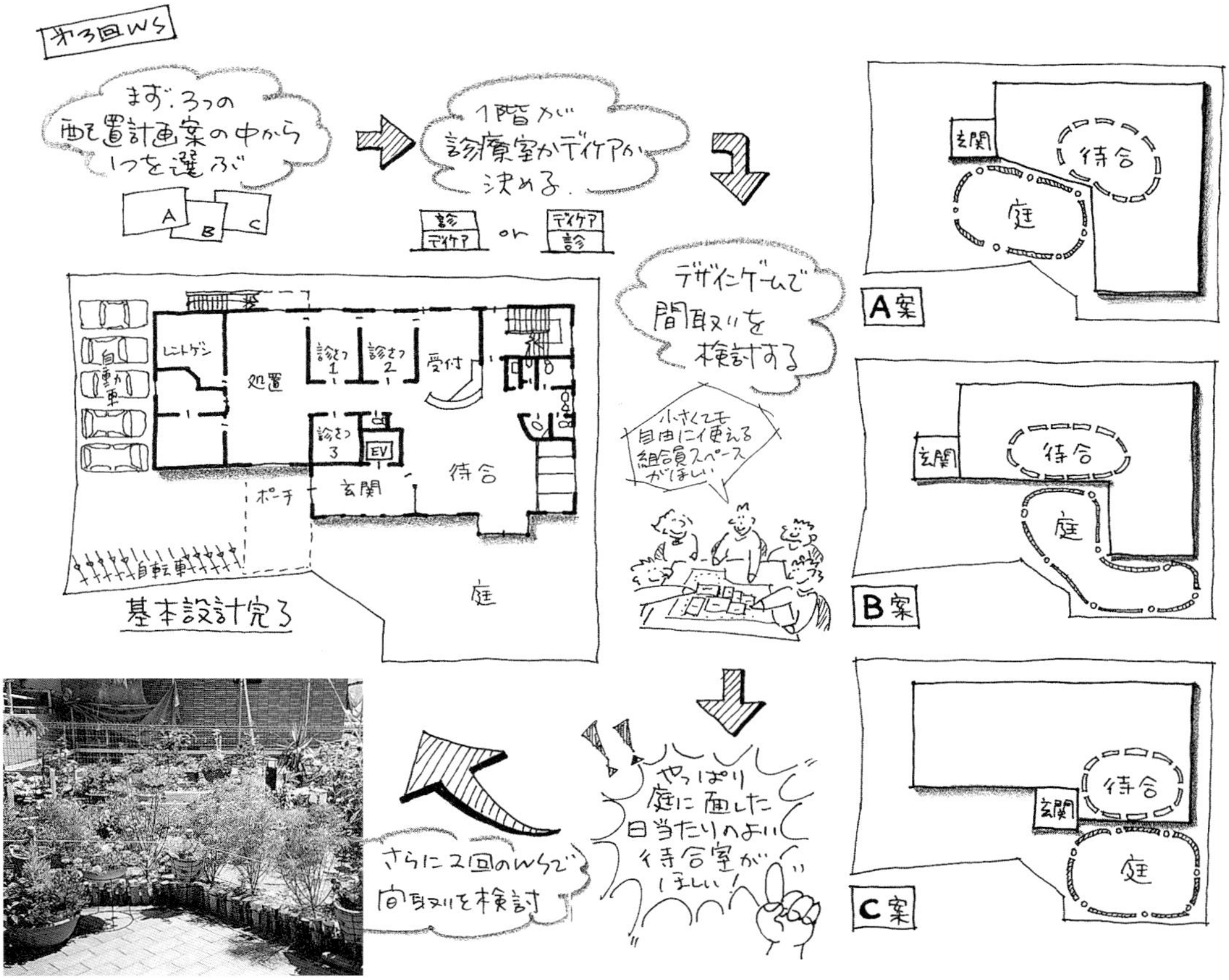

3案の中から選ばれたのは、庭に面した日当たりのよい待合室のあるC案。左の写真は待合室から見た庭

●事例7

心の壁を取り除いた「食のワークショップ」

猪野々暮らしづくりワークショップ

兵庫県朝来《あさご》郡生野《いくの》町奥猪野々住宅は、鉱山住宅として利用されていたものを鉱山の縮小閉山に伴い、三菱より町が譲り受け、町営住宅として管理していたものです。住宅の老朽化や入居者の高齢化により生活環境の変化に対応しづらくなっていたこと、また下水道が整備されることから、具体的な建て替えや地区の整備計画を早急に進める必要が出てきました。

猪野々には長年にわたる居住者たちの成熟した近隣関係があり、そこには自ら手を加えてきた愛着と魅力あふれる住空間がありました。団地や地区の抱えている問題点の解決を図りながら、これまでの豊かなコミュニティを継承し、新たな地域の活性化につながるような建て替え計画を進めるために、「住み手参加方式」の計画案づくりがおこなわれました。

第一回、第二回のワークショップでは「ここで静かに暮らしていきたい。そっとしておいてほしい」など、居住者はなかなか心を開いてくれません。そこで第三回ワークショップでは一緒に食べることを体験し、共に住む楽しさを発見するねらいから「みんなで食べよう猪野々の味、みんなで語ろう猪野々の暮らし」というプログラムを計画しました。

私たちはまず猪野々の人たちがあまり食べたことのないようなものを準備しようと考え、モッツァレラチーズとアンチョビのフランスパンオーブン焼きを用意しました。これは南青山のイタリア料理屋でレシピを教わった私たちの自信作。それとビーフストロガノフ。どちらも横文字です。モッツァレラチーズとアンチョビは一級品を用意する、これは肝心。都会の風を運ばねば。準備は猪野々の集会所を借りておこないました。猪野々の人たちはお赤飯、煮物、お漬け物など、温かなおふくろの味を食べきれないほど用意してくれま

ワークショップ概要

名称　猪野々暮らしづくりワークショップ
分野　町営住宅の建て替え
主催　生野町
参加者　町営住宅住民
実施年　一九九八年
実施場所　兵庫県朝来郡生野町

料理を準備する猪野々の人たち

した。

九月の気持ちのいい風の吹く夕方、外に机を並べ、食のワークショップが始まりました。机の上にはみんなの持ち寄ったごちそうが並んでいます。ちらし寿司、神戸牛、鹿肉、おでん……。そして猪野々の人たちの用意してくれた鮎の塩焼き。私たちが普段見ないような大きさの鮎がずらっと網の上に並び、次々と役場の職員の方が団扇《うちわ》片手に焼いていてくれました。美味しいものを食べて、飲んで、笑って、語って、空に星が出てからも宴《うたげ》は続きました。

この日の感想カードをみると、「いつも一人なのでほんとうに楽しい時を過ごすことができてうれしかった」、「時々はこういったことがあるといい」などと書かれています。そしてこのワークショップを境に、猪野々の人たちとの距離はグッと縮まったのです。

食べることは人の距離を近づけます。一緒に準備して、一緒に食べて、一緒に片づけて、そういうなかでだんだんと心の壁が取れて、本音で話ができるようになるのでしょう。

建て替えられた猪野々の町営住宅を今でも時々訪ねることがあります。「まあ、まあ、お入りなさい」と新しい家を案内し、暮らしぶりを話してくれ、帰りにはスタミナドリンクを持たせてくれたりもします。何年ぶりかで会っても、それはいつも変わりません。建て替え前の猪野々住宅には、私たちが「のほほんテラス」と名づけた居住者のたまり場がありましたが、今も同じように日当たりの良い場所に、お手製のベンチが置かれています。建物は新しくなっても、猪野々の暮らしはゆるやかに続いているように感じます。「住み心地はいかがですか?」と聞くと、「なかなかかええよ」と笑い、そして最後にこう言います。「また来てな!」

食のワークショップは心の扉を開く。

●事例8

議論だけでは得られなかった共有体験「マテバシイ伐採」プログラム

深大寺つばめ児童遊園ワークショップ

「深大寺《じんだいじ》つばめ児童遊園ワークショップ」は、住宅地の中の一〇〇坪ほどの空き地を手づくり公園として整備することを目的として、東京都三鷹市の「緑と公園課」が一九九九年に実施したワークショップです。

敷地は二方向とも四メートル未満の狭い道路の角にあり、道路に沿って木登りにちょうどいい大きさのマテバシイが約三メートル間隔で植わっていました。

このマテバシイは、敷地の隣と向かい側に住んでいる人たちにとっては、落ち葉を落とす嫌われ者です。しかし子供たちにとって、このマテバシイとフェンスは木登りやフェンスの上を伝い歩きするもってこいの遊具となっていました。公園の計画を最終的に原寸で確認する段階になって、このマテバシイの存続問題が住民間のコミュニケーションをめぐる一つの焦点となっていきました。

敷地の周囲にあるこのマテバシイについては、第一回のワークショップから伐ってほしいという声と残してほしいという意見が交錯し、第三回のワークショップまで結論を持ち越していたのです。緑を守りたいという立場と、落ち葉の処理や虫の発生を理由に樹木はいらないという立場とのおきまりの論争は、今ひとつかみ合わず空回りしていました。

そこでファシリテーターとして私たちが提案したのは、みんなの見ている前でマテバシイを伐るというプログラムだったのです。まちなかの樹木の多くは人知れず伐採され、ゴミとして処理されています。邪魔になり伐り捨てることにするのであれば、大木とまでいかなくても命ある樹木を自らの手で責任を持って伐採することから何かが始まるのではないかと考えてのことでした。

当日は、二〇名ほどの人が問題のマテバシイを遠巻きにして、植木屋さんの一挙手一投足を見つめていました。

ワークショップ概要

名称　深大寺つばめ児童遊園ワークショップ
分野　公園づくり
主催　三鷹市まちづくり公社
参加者　周辺住民
実施年　一九九九年
実施場所　東京都三鷹市

「この角のマテバシイをぜひ伐ってもらいたいんです」

「でも、そのマテバシイの樹形が一番みごとよね」

「電線と接触して危険もあるし……」

「上のほうだけ伐ることにしたら？」

　植木屋さんは右往左往しながら、マテバシイを上り下りして、「いったい、伐るんですか？　伐らないんですか？」とあきれ顔。

　そこに一〇人ほどの近所の子供たちが駆けつけました。ただならぬ雰囲気を感じて涙目で訴えたのです。

「私たちはこのマテバシイに登って遊んでいます。マテバシイを伐らないでください！」

　大人たちはさすがにマテバシイを根本から伐ることができず、その日は先端三メートルほどを伐ることにしたのです。それでもロープをかけて空き地側に伐った枝が地響きとともに落下すると、参加者一同からどよめきがあがり、何かしらの気持ちが共有されたのです。

　ワークショップの原点は、議論だけでは得られない共有体験にあることを改めて教えられたできごとでした。

3 考えられることはすべて出してみる

意見表出コミュニケーション

事実や記憶にあることを情報提供してもらうプログラムに対して、ワークショップ参加者の感想や意見、提案を出してもらうことを目的としたプログラムがあります。このような意見表出コミュニケーションを目的としたワークショップの場合、参加者によっては戸惑いを見せることもあります。それだけに答えやすい問いかけ方の工夫や選択カードの提供、記入用カードのレイアウトなど、材料の準備にも細かな配慮が必要です。意見表出コミュニケーションを主な目的とするプログラムは、大きく次の三つに分けられます。

自分の希望や思いを書き出す

ワークショップの最初の段階で、参加者の思い入れやこだわりの幅の広さを確認しておくことは、その後のプログラムの流れを考える上で欠かせません。こうしたいという思いや、これだけは実現したいというこだわりを、単刀直入に書き出してもらうプログラムです。先にも述べたように、この種のプログラムにおいては書き言葉によるコミュニケーションが中心になります。その意味で書いてもらうカードのデザインやレイアウト、筆記用

具に至るまで気分を盛り上げていけるような配慮が求められます。

ワークショップの最初の段階で実施することが多い「希望の木、不安の木」というプログラムでは、参加者の漠然とした希望と不安を、葉っぱの形をしたカードに書いてもらい、模造紙に描いた枯れ枝に貼ってもらいます。その場で枯れ木がたくさんの葉っぱ（意見）をつけて元気を取り戻すという設定は、シンプルですが視覚的な効果があります。

数十人規模の人が集まり、その結果を全体で確認する場合、成果を上手に視覚化することは重要な演出であり、まさにこうした部分がプログラムのディテールと言えます。

意見のまとめ方を工夫する

情報の伝達や具体的な提案を説明した後に、よいと思う点や問題点、修正点をポストイットなどに書き出してもらうプログラムでは、集めた意見をどのように扱うかが工夫のしどころとなります。グループの中でお互いが確認し合い、地図の上にまとめたり、全体の場でグルーピングして、内容を紹介したりすることになりますが、出された意見の概要がその場で参加者全員にわかるような見せ方のアイデアがポイントです。

三鷹市の公園づくりの事例では、意見を賛成と反対に色分けした串付きの旗型カードに書き出し、用意した大きな模型の該当する場所に刺してもらいました。提案のどの部分にどのような意見が出されているか一目でわかります。次に全体の場で確認しながら検討したカードを今度は一本ずつ抜いていきます。全部がなくなったところで、すべての問題について検討が終わったということが見て取れます。このようなわかりやすい作業手順にもこだわりたいところです。

一〇〇人を超えるような大規模なワークショップのグループ討議をまとめるような場合

は、グループの数も一〇を超えてしまうので、グループ発表の方法にそれなりの工夫が必要になります。発表するグループと発表しないグループを分けるのは、参加者の立場に立つと決してうまい方法とは言えません。かと言って一グループ五分としても一二グループあれば一時間はかかってしまいます。これでは聞いている参加者のほうが耐えられないし、グループでおこなう議論の時間が十分に取れなくなってしまいます。

いくつかのキーワードをグループでまとめて、大きなカードにそれぞれ書き出してもらい、全体の場でＫＪ法✦9のようにまとめる発表方法は、こうした問題を解決するために考案した手法の一つです。実際には、グループ討議のまとめと全体発表のまとめ、それぞれの段階で二度ＫＪ法のようなことがおこなわれることになります。グループで話された詳細な意見の記録は、次回のワークショップの時に「ニュース」として参加者それぞれに配布し、情報をフィードバックするようにしています。

プロジェクトが実現した場合をシミュレーションする

繰り返しになりますが、「まちづくりワークショップ」の話し合いでは、できるだけ具体的なテーマを設定して進めることが大切なポイントになります。例えば公園の二四時間の使われ方を想像したり、四季を通して町並みの景観がどう変わるかを想像することを通して、まちづくりの整備課題を話し合うほうが、いきなり「どうあるべきか」を議論するよりも創造性に富み、より市民感覚に合った提案につながりやすいと言えます。特養老人ホームのワークショップでは、これから新しくつくるホームの食事のレシピを提案することを通して、生活イメージと離れることなく空間の検討をすることができました。

こうしたシミュレーションには、「ロールプレイゲーム」✦10のように他の人の立場に立っ

✦9
文化人類学者川喜田二郎が考案した問題解決の技法で、考案者の頭文字をとって「ＫＪ法」と名付けられている。アイデアや意見、または調査現場から収集された情報を一枚ずつカードに書き込み、それらのカードの中から近い感じのするもの同士を集めてグループ化し、それらを小グループから中グループ、大グループへと組み立てて図解してゆく。こうした作業のなかから、テーマの解決に役立つヒントやひらめきを生み出そうとする方法。

✦10
一つの問題について合意形成を目標として話し合いを進めていく時、自分の立場を少し離れてさまざまな人の立場に立って考えることは、その問題についてより広い角度からの理解を助ける。そのためには、自分とは違う立場を演じて議論を進める「ロールプレイ」という工夫が役に立つ。

て考えるという重要な思考方法を盛り込むことが可能です。しかし、「ロールプレイゲーム」は意外に参加者にとって負荷の大きなプログラムだということに留意すべきです。設定した役割に対する情報が参加者の側に不足している場合は、ロールプレイやディベート形式を応用したプログラムは想像力を引き出せずに終わることになりがちです。グループごとに情報提供できる人を配置するなどの工夫が必要となります。特にワークショップに参加していない人の立場に立って、幅広い視点から意見を出すことは、ワークショップの成果を説得力のあるものにする上で重要なポイントです。このように、お互いの立場や地位を気にすることなく、自由に意見や提案を出せる水平的なコミュニケーションの手法は、まちづくりワークショップの根幹をなすプログラムなのです。

●事例9

参加者の希望と不安を抽出する「期待の木、不安の木」

三愛ホームわくわく市民会議

初回のワークショップは、誰にとっても緊張する場です。主催者は「本当に人が集まるのか」、参加者は「何が始まるのだろうか」、そしてファシリテーターは「どんな参加者がどんな興味を持って集まってくるのだろうか」などと、それぞれの立場の心配には事欠きません。このような初期段階のコミュニケーションには、「期待の木、不安の木」というプログラムが有効です。

特別養護老人ホーム「三愛ホーム」は、長期入居者五〇人、短期入居者一〇人、デイ・サービスセンター利用者二〇人の高齢者施設で、社会福祉法人三愛福祉会を新たに立ち上げての一大事業でした。法人設立準備会は、設立準備と並行して広く地域住民などを巻き込んで施設設計に取り組みたいという思いから、設計者をプロポーザル方式で選定しました。

プロポーザル方式とは何人かの設計者にあらかじめ簡単な提案を出してもらい、その提案を審査して設計者を選定する方法です。

三愛ホームは、愛知牧場の一角に計画されていました。愛知牧場は戦後、クリスチャンである尾崎誠一氏が信仰に導かれて開墾した土地で、周りには愛知国際病院（ホスピスを含む）、愛泉館（老人保健施設）、アジア国際研修センター、シルバーホームまきば（有料老人ホーム）、南山教会、復活苑といったキリスト教精神を根底に置きつつも別々の組織によって運営されている施設が隣接しています。準備会は、それぞれの立場を尊重しつつ福祉や医療の連携を図ることを提案しました。さらに地元の市や住民にも呼びかけて、広く皆に愛される施設づくりを目指して施設設計への参加の門戸を開きました。

このように、さまざまな立場の参加者が一つのテーブルについて話し合う時には、ワークショップの場における自分の立場や場の雰

ワークショップ概要

名称　三愛ホームわくわく市民会議
分野　施設づくり
主催　三愛福祉会
参加者　三愛福祉会会員、他
実施年　二〇〇一年
実施場所　愛知県日進市

囲気に気を使って発言がしにくくならないように、より早い段階でお互いの信頼関係を築く必要があります。そのためには「私はこんな期待を持っています」、「私の立場ではこんなことが不安です」といった参加者のさまざまな思いを最初に出し合うことが重要です。その方法の最も基本となるプログラムが「期待の木、不安の木」なのです。

ワークショップも回を重ねると、どうしても前提条件や初期的な疑問を投げかけるタイミングが難しくなってきます。最初に「あなたは誰？」、「こんなことをしたい」、「こんな不安がある」といったことをなおざりにせず、時間が多少かかってもできるだけたくさんの参加者の思いを出しておくことが大切です。また、ファシリテーターにとっては、参加者がどんな立場でどんな考えを持っているかを把握でき、後のプログラムづくりに反映できるという、シンプルながら非常に重要なプログラムなのです。

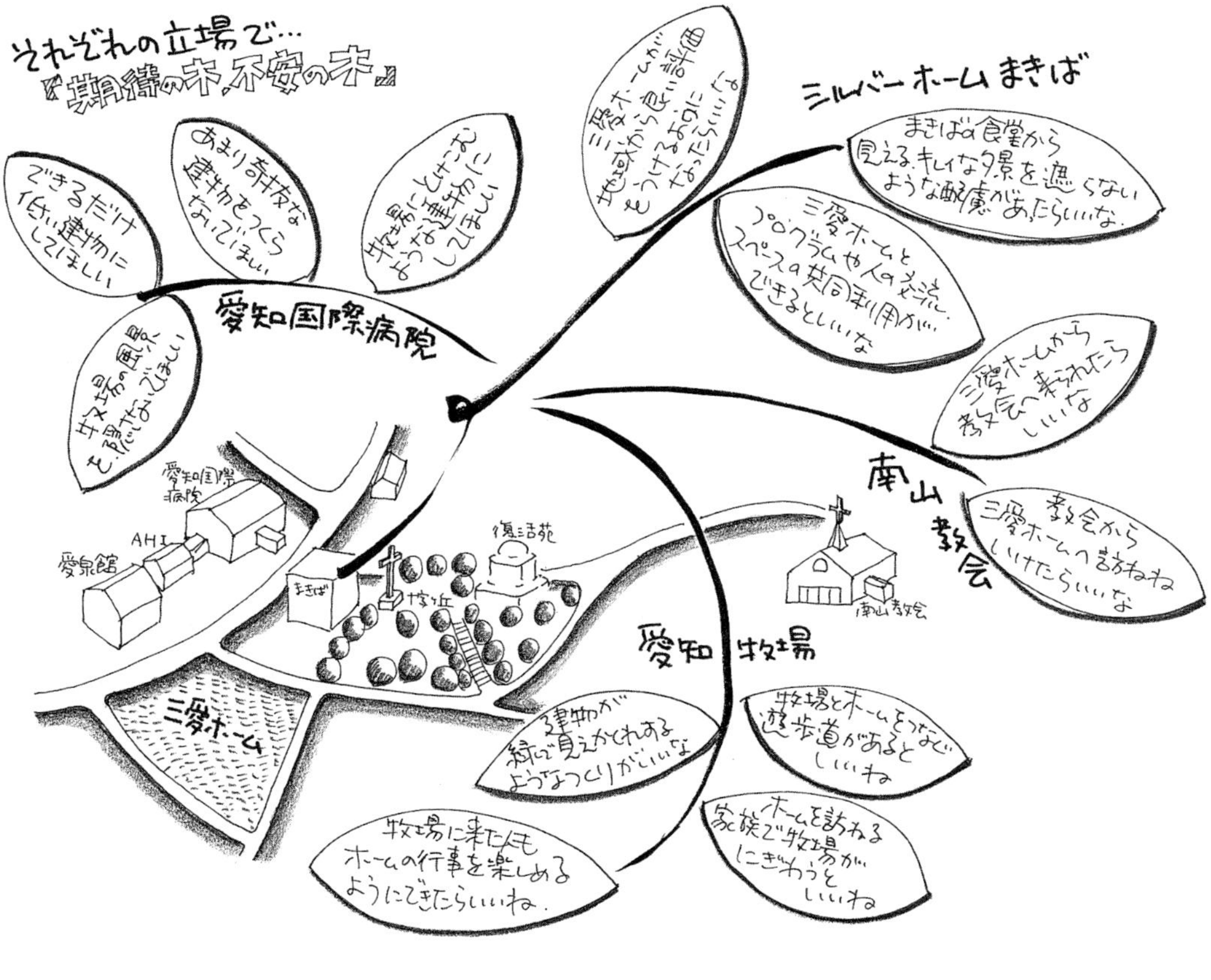

開かれた施設づくりでは、参加者の期待や不安を最初に出し合っておくことが、お互いの信頼関係につながる。

●事例10

楽しく意見を出す工夫「晩ご飯の献立づくり」

三愛ホームわくわく市民会議

「まちづくりワークショップ」の醍醐味は、既成の概念から参加者を解き放ち、さまざまな考えから刺激を受けたり、思いを共有したりしながら、新たな価値を共に創造するダイナミズムにあります。そのためには知識や経験が乏しい一般の参加者も、また観念的になりがちな専門家も、より自由な発想ができるような状況づくりが欠かせません。

高齢者施設を考えるためのワークショップでは、そこに実際に入居して暮らす人が参加することは少なく、介護士や施設で働く職員、家族やボランティアなどがワークショップに参加するメンバーの中心となります。このような場合には、どうしても治療する側、介護する側の論理でものを考えがちです。

特別養護老人ホーム「三愛ホーム」設立のためのワークショップでは、地域の人々とともに高齢者が安心できる住まいを育み、地域福祉を共に支え合っていくという目標を掲げ、他の福祉施設の現場で働く人、福祉専門学校の学生、また福祉施設や介護と普段かかわりの薄い人々にもワークショップへの参加を呼びかけました。

第二回「三愛ホームわくわく市民会議」では、これから新しくつくるホームの食事のメニューを考えることで、ここで暮らすお年寄りの日常生活を想像し、思いを巡らせてみました。他人の立場で思考したり、感じたりすることはなかなか難しいものですが、食べ物は誰にとっても具体的で身近な題材なので、イメージがしやすいものです。食事のことを話しながら、三愛ホームの自由で伸びやかな暮らしのイメージが、知らず知らずのうちに浮かび上がってきました。

ワークショップのなかで出てきたメニューをのぞいてみると、例えば「あさりの酒蒸し、あじのさしみ、枝豆、ビール」、「おさしみ（マグロと白身）、ホタルイカと新タケノコの玉

ワークショップ概要

名称　三愛ホームわくわく市民会議
分野　施設づくり
主催　三愛福祉会
参加者　三愛福祉会会員、他
実施年　二〇〇一年
実施場所　愛知県日進市

子とじ、ホウレンソウのゴマ和え、シジミのみそ汁、酒一合」など。また、「利用者の方に何を食べたいか尋ね、相談する。もし私が尋ねられたら、ビールとつまみを用意してほしい。ビールのつまみであれば何でもＯＫ」といった意見もあり、晩酌なしの夕食は味気ないと言わんばかりです。

さらに、お年寄りだってさっぱりしたモノばかりを好むと思ったら大間違いで、「カツ丼（その場でのせる）、赤出し、夜食にラーメン」といったメニューも出てきました。このような意見は、逆にお年寄りのことをよく知っているからこそ言えるようです。

八〇代のしゃきっとしたご婦人が、真剣な眼差しで書かれた献立は、「まぐろの山かけ、ホウレンソウの白和え（豆腐）、鶏肉ダンゴのクリーム煮（馬鈴薯、人参、タマネギ、アスパラ）、薄切り生パイナップル」。献立からはホームに暮らすことになる同年輩の方たちへの愛情があふれていました。

人の暮らしを思い描くことから空間を創造していく一連のワークショップの流れの最初に、こうした身近なブレインストーミングを組み込むことも大切な手法だと言えます。

「今晩の献立」……楽しく書き込めるカードを用意する。

●事例11

「共有空間の使い方」を寸劇でシミュレーションする

南芦屋浜団地暮らしのワークショップ

「南芦屋浜団地暮らしのワークショップ」は、阪神・淡路大震災後、芦屋市内の応急仮設住宅を解消するために震災復興住宅として建設された八〇〇戸の市営・県営住宅に入居を希望する人々を対象としておこなった計七回の暮らしづくりのワークショップです。

このうちの第四回目のワークショップでは、南芦屋浜団地の中の共用空間である「コミュニティテラス」と「コミュニティプラザ」の使い方について話し合うことが、主なテーマとなりました。各棟に散りばめられた共有空間と中庭にある集会所をもっと有効に使いこなそうという趣旨です。

公営住宅には一般的に集会所があります。南芦屋浜団地にも、そのような集会所が計画されていましたが、今までとは少し違い、生活支援員の方がいたり、食事室や調理室が従来のものよりかなり充実していました。ここではその集会所を「コミュニティプラザ」と呼んでいました。また大規模団地であっても向こう三軒両隣の関係を育めるように、「コミュニティテラス」という共用のバルコニーのような溜まり場が、共用廊下やエレベータ－ホール、屋上に計画されていました。

このワークショップでは、このような居住者同士の関係を育む仕掛けとしての空間をどう使いこなしていくか、また管理面を考えてどんな問題が起こるだろうかということが、話し合いのテーマとなったのです。最後に話し合いの結果は、ある日のコミュニティテラスでのできごととして、寸劇にまとめて発表してもらいました。

「誰も使わんようなテラスではどうしようもあらへん」

「押し売りのようなヤツが店でも開いたらどないするねん」

「縁側のように使われたらええのにな」

寸劇の本番では、みなさん役者ぞろいで大

ワークショップ概要

名称　南芦屋浜団地暮らしのワークショップ
分野　コミュニティづくり
主催　南芦屋浜コミュニティ・アート実行委員会、住宅・都市整備公団
参加者　応急仮設住宅居住者、他
実施年　一九九七年
実施場所　兵庫県芦屋市

いに盛り上がりました。一つ一つのドラマはどれも現実にコミュニティテラスで起きそうなことばかりです。災害時の避難訓練のように、実際にトラブルが起きた時の対処方法をあらかじめ思い浮かべるという意味で、このような寸劇はある種のイメージトレーニングとして役に立つのかもしれません。まちづくりの失敗のシミュレーションをしてみること。それがこの寸劇の効果だったのだと思います。

この段階で参加者は現実を「理解」し、受け入れることを一歩先に進め、トラブルを乗り越えていく態度を「共有」し始めていました。「受容的創造性」という言葉の意味する態度が、ここにあると思います。

■シナリオ1

「おばちゃんと若者と五月晴れ――コミュニティテラスが特定の人に占有されないかな」

あらすじ――屋上にて、三人のおばちゃんがイスやテーブルを持ってきて、そのうち置きっぱなしにするようになった。「やっと仮設の狭いところを抜け出して温泉の順番待ちもしないですむようになってゆっくりできるわ……」若い主婦が来て「ここはいつも同じ人が固まっててイヤやわ……」「そんなこと言わずに、あんさんもいらっしゃいよ」そして一緒に話をするようになる。次に若い男性が来て「こたつまで持ち出して、おまけに入れ歯まで……かなわんな」そこで言い合いになるが、結局「一緒に仲良く使いましょう」と一件落着！

■シナリオ2

「隣は何をする人ぞ――コミュニティテラスで見知らぬ人を見かけたら」

あらすじ――引っ越しが済み、仲良くなった住人三人が昼下がりにテラスで団らんをしている。そこへ見知らぬ男性が登場。「誰だ?」とみんな不審がるが、昼夜逆転の生活をしている隣人で、挨拶をして一件落着。次にまた知らない若者が登場するが、階をまちがえてしまった若者だと判明。そして最後に怪しいセールスマンが上がってくる。強面《こわおもて》の男で、不安になった奥さんが御主人を呼びに行く。御主人が来て話をして追っ払う。近所の人の顔は知っておきたいので、顔合わせの機会を持つようにしよう！

寸劇で共有空間の使いこなしを表現する。

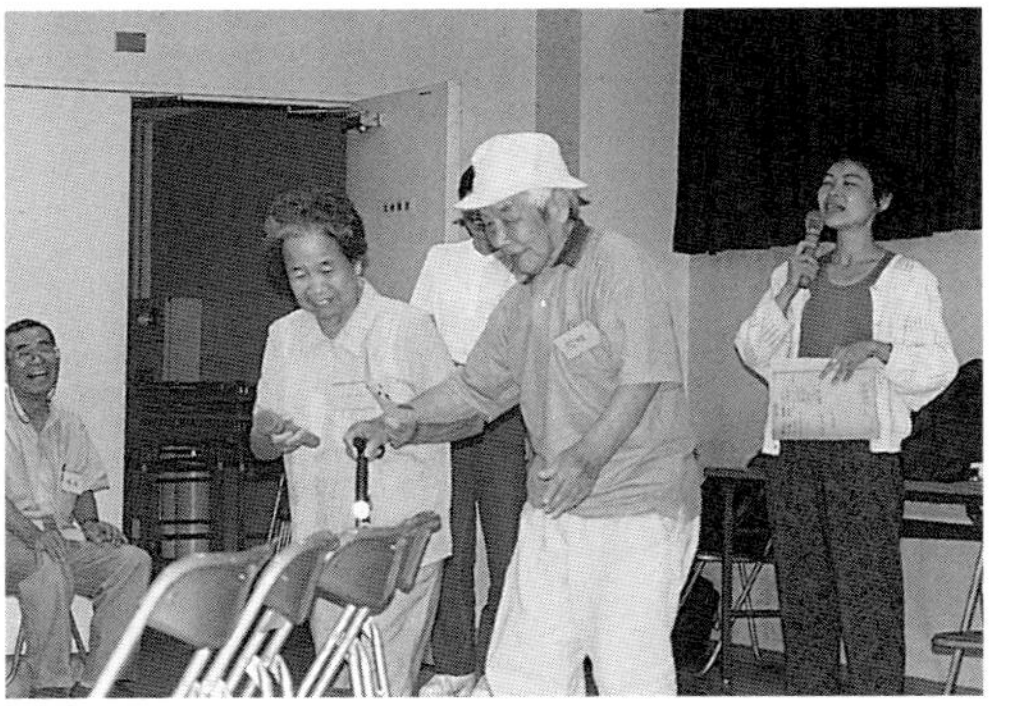

創造し表現する楽しさを味わう 4

創造表現コミュニケーション

詩歌や演劇で希望を表現する

創造性や表現形式に重きをおいたプログラムでは、ワークショップ参加者の思いや希望をただカードに書き出すのではなく、もう一工夫して、詩歌や演劇、模型やオブジェなどで思いを表現してもらうという方法が考えられます。

カードに意見を書くことに躊躇《ちゅうちょ》していたおばあさんが、短冊を渡すと見事な筆さばきでさらさらと詩を書き始めた時はまさに感動的でした。兵庫県生野《いくの》町の景観づくりを考える「まちづくりワークショップ」では、四季折々の美しいと感じた生野町の風景を詩に詠《よ》んでもらいました。また兵庫県南芦屋浜の暮らしづくりワークショップでは、これから移り住み、終《つい》の棲家《すみか》となる震災復興住宅の建設現場に出向き、その場で複雑な思いを俳句にしてもらいました（七六頁事例12参照）。福岡県直方《のおがた》市の区画整理のまちづくりをテーマにしたワークショップでは、造成され消えゆく雑木林を目の前にして地権者の方に詠んでもらった俳句を、地元の竹でつくった短冊に書き付けてもらいました。

行政側の思いを伝える際も、演劇形式でおこなうことで参加者との距離感を一気に縮めることができた例があります。東京都江戸川区篠崎駅西部地区の区画整理の「まちづくり

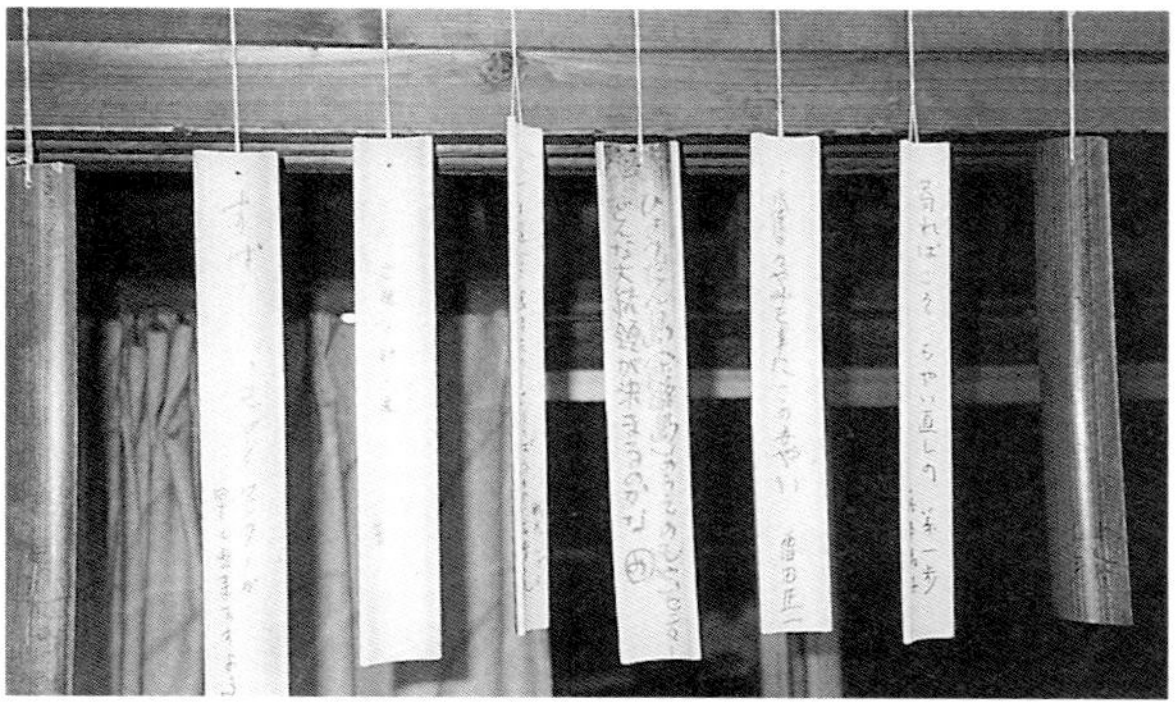

希望を詩歌に託す。

ワークショップ」では、行政側と地権者側の長年にわたる思いのすれ違いを区画整理推進課の職員が「区画整理推進課の悩み——みんなのよいまち探し」という寸劇を通して表現することによって、信頼関係を取り戻すきっかけとなったのでした（三八頁事例1参照）。

演劇表現には不思議な力があります。参加者が多い場合（一〇〇人規模以上）や説明する内容が参加者との対立を生みやすいような場合に、こうした方法が特に有効だと思います。第一にその場に強い集中力を生み出すことができます。先の篠崎駅西部地区の場合は、区は以前ほどの事業予算を取れないということをどのように地権者の方に伝えるかが、大きな課題でした。どんなに正直に言っても、言い訳めいた説明になることは目に見えています。演劇の中では、住民の不信感や怒りも織り込んで表現することができるので、それを見た住民は意外にも冷静な視点を持って、話し合いに入ることが可能となったのです。

詩歌や演劇や造形表現を使って曲がりなりにも作品化するということは、自らの思いを客体化することであり、それを見る観察者の視点をもう一つ生み出す効果があると言えるのではないでしょうか。

「デザイン・ゲーム」などで計画案やルールづくりをする

一連のワークショップの流れのなかで、山場になる可能性の高いプログラムとして、実際に平面計画案や簡単な模型をつくったり、街区の道路や公園の配置計画をつくったりする「デザイン・ゲーム」と呼ばれるプログラムがあります。このプログラムでは、限られた時間内にグループで作業が完成できるように、何をどこまで準備しておくかが、プログラム作成上で最も苦労する点です。建物の「デザイン・ゲーム」の場合は、立体的な構成を考えなくてはならない場合もあります。立体になったとたんに作業が複雑になり、設計経験のない参加者にとっては、空間を理解することが大変難しくなります。三愛ホームの「デザイン・ゲーム」は、傾斜地の土地利用を検討するために、発泡スチロールのブロックを使うことでプログラムに工夫を凝らした事例です（七八頁事例13参照）。

ファシリテーターに求められていることは、どこまで条件を整理することができるのか、作業を単純化しつつも本質的な問題を議論できるようにプログラムをつくることです。建物をテーマにしたワークショップの企画運営は、設計経験のあるファシリテーターでなけ

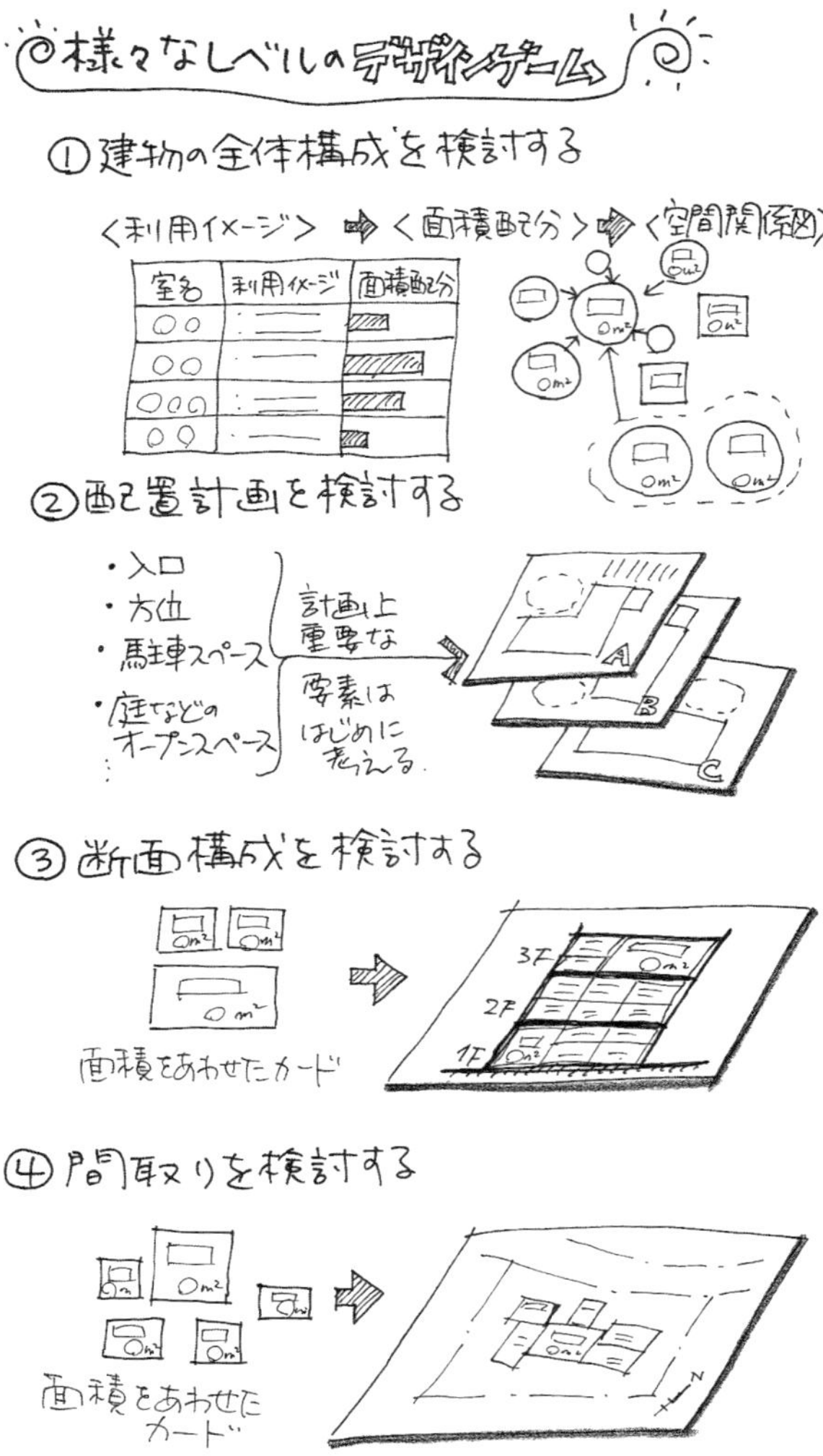

デザイン・ゲームは計画の段階ごとに、検討する目的に合わせたさまざまなレベルのプログラムが用意される。

れば難しいと感じている理由はここにあります。

一方で、建築物のようにハードなものでなくとも、条例案の作成や地区計画のルールづくり、商業地再生のためのお店の企画書づくりなどのようなソフトなテーマにおいても、工夫次第でプログラムを作成することが可能です。逆に、言葉の合意をつくることは意外に難しいと感じることもあります。東京都多摩市の市民自治基本条例案をつくるワークショップ（八四頁事例15参照）では、言葉に対するこだわりが厳密になればなるほど個人差が大きく、妥協を許さない問題であることを教えられました。言葉に対しては、参加者すべてが専門家として立ち現われることになります。

提案や作品の発表方法を工夫する

話し合いや作業の結果を発表することも工夫次第で創造的なプロセスとなります。「ビジョンゲーム」と呼ばれる何枚かの写真を選んでおこなう紙芝居形式の発表方法は、こうしたプログラムの最も一般的なものです。

南芦屋浜の震災復興住宅の暮らしづくりワークショップにおいては、建設中の共用空間（エレベーターホール脇のスペース）で何が起きるかをシミュレーションし、寸劇で発表してもらいました。こうしたプログラムは、参加者の思わぬ才能やキャラクターが現われる発見的なプログラムでもあります。発表の中で現われる参加者個人個人の思いもかけないキャラクターの発見も、ワークショップの面白さの一つだと言えるでしょう。

表現方法が大切なのは、人に伝えようとする真剣さがそこに表われるからです。ワークショップの場では、説得ではなく誠意こそが人を動かすのです。住民と行政の協働関係が成立するか否かは、ここで決まると言えます。

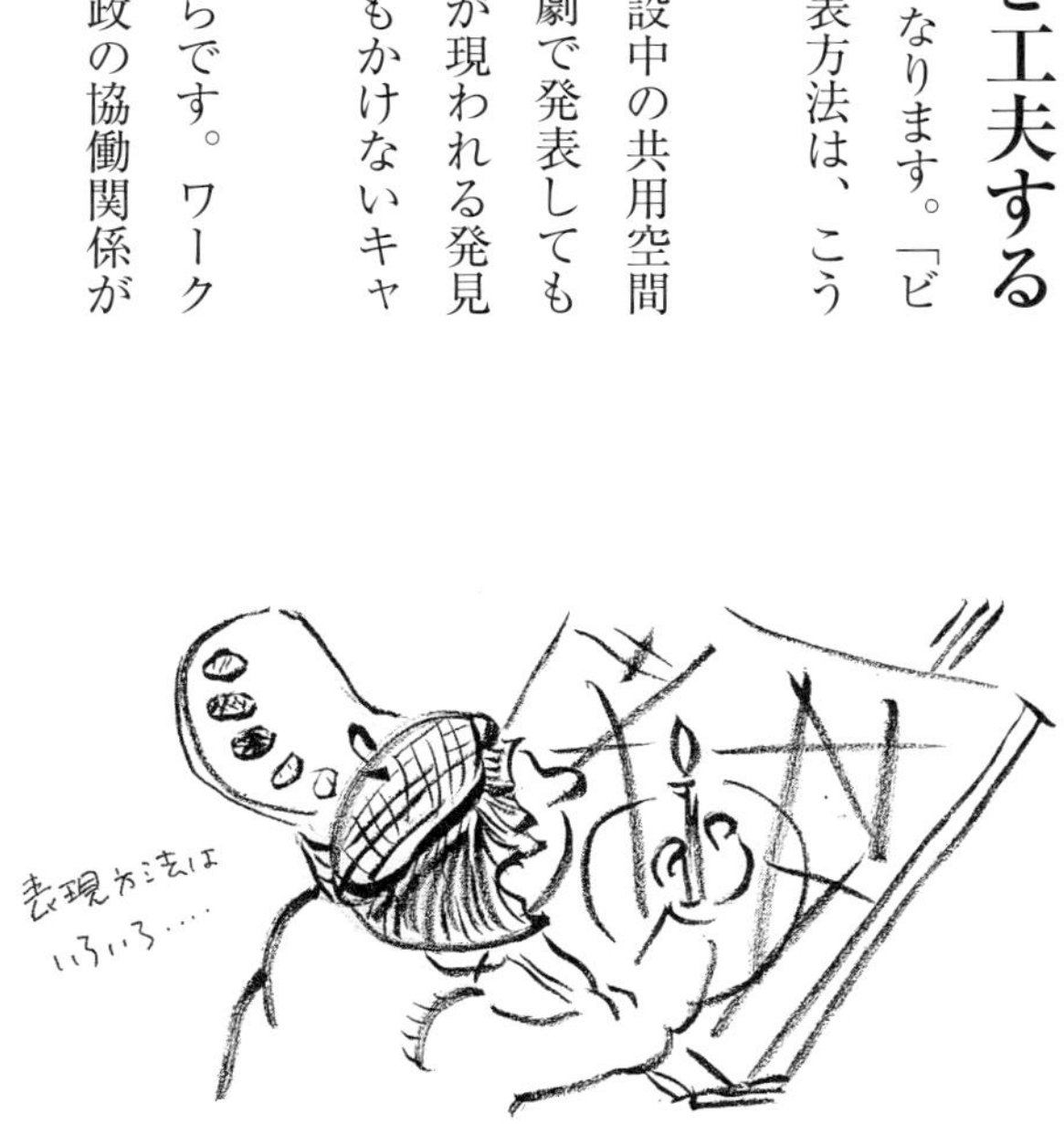

●事例12

震災復興住宅への思いを詩歌に託す

南芦屋浜団地暮らしのワークショップ

阪神・淡路大震災では、多くの住民が住まいを失いました。特に今まで木造家屋に慣れ住み続けてきた高齢の方々が被災され、信頼できる近隣や親しみのあるまちの風景から切り離されてしまいました。被災後のドタバタから仮設住宅の暮らしが始まり、傷ついた人々は再び野菜をつくり、花を育て、次第に仮設住宅のコミュニティが育まれていったのです。しかし、仮の住まいを離れる人が次第に増えるにつれ、残された住民の不安と疲労がつのっていきました。

南芦屋浜団地暮らしのワークショップは、このような震災復興公営住宅に移り住む人々の「暮らしの再建」を支援する目的でおこなわれたワークショップです。このワークショップでは仮設住宅へ車で出迎えに行くなど、高齢の参加者への配慮がきめ細かくなされました。第三回目のワークショップでは、参加者の強い要望もあって現地見学が実現しました。参加者はRC造一二階建ての集合住宅のフレームがそびえ立つ前で、埋め立て地の砂混じりの風に吹かれながら、さまざまな思いを含んだ表情で、建設現場を見入っていました。

日本人は昔から直接的な表現を避け、より自分の希望や悲しみ、憤りを深く奥ゆかしく短歌や俳句に表現してきました。私たちは彼らの思いを現地で詩歌に託してもらいました。そして前向きな希望と隠された不安が、現場のリアリティによって詩歌として結実しました。

こうしたリアリティを持って現実を受け入れることが、自発的に新たな暮らしを創造する前提となります。演劇や詩歌という表現手段は、単なる意見交換のレベルでは交わすことのできないお互いの内面の感情と認識を確認し合う有効な手段なのです。

被災した高齢の方々は戦災を逃れ生き抜

ワークショップ概要

名称　南芦屋浜団地暮らしのワークショップ

分野　コミュニティづくり

主催　南芦屋浜コミュニティ・アート実行委員会、住宅・都市整備公団

参加者　応急仮設住宅居住者、他

実施年　一九九七年

実施場所　兵庫県芦屋市

き、再び震災に見舞われた人々です。運命に翻弄《ほんろう》されつつ希望を切り開いていく底力を、これらの詩歌に見ることができます。

市営住宅あたってほしいこの夏日

潮風が砂塵に夢のせ埋め立て地

立ち並ぶ建築中のビルラッシュ
　我住む時はいかになるらむ

足場のこもれ陽のむこう
　どこまで広がる夏の日の海

こころよく胸にひびける
　潮騒はついのすみかとなる街の音

ワーッ　ハッピー！　海にむかって第一声

あんがいとこぢんまりまとまる
　空間に楽しいくらし明日を夢見る

宮殿に誰を招こうか胸ときめく

殺風景今あるのは青い海と白い雲
　町が完成する頃にはおじんかな

紺碧の海を眺めて住む夢の後
　僅かにて叶う嬉しさ

未来から海風吹くか高層棟
　いのちふくらむ暮らし育くまん

ふたとせの仮設の暮らしに学び得し
　友へ合う心永久に忘れじ

●事例13

複雑な空間構成への理解を深めた「立体デザイン・ゲーム」

三愛ホームわくわく市民会議

三愛ホームのワークショップでは、「デザイン・ランゲージ」（九五頁、事例17参照）の作成とほぼ並行して、配置計画を作成するための「デザイン・ゲーム」をおこないました。この計画の場合、敷地が一〇メートルを超える高低差のある斜面地であることから、施設の構成が複雑になり、通常の平面的なデザイン・ゲームの枠組みでは検討がうまく進められないことは明らかでした。そこで空間構成を立体的に考えることができるようなデザイン・ゲームのキットを用意し、参加者が外部空間をポジティブにとらえて配置計画を検討することができるように、プログラムを工夫することにしたのです。

デザイン・ゲームのキットは、特別養護老人ホームの居住部分と共用部分、デイ・サービス部分、地域交流部分の四色に分けた一二メートル角のブロックを二〇〇分の一のスケールで、それぞれの部門別の面積に相当する数だけ用意して、傾斜した敷地に配置することができるように考えました。

初めに、それまでのワークショップで話し合われた内容をもとに、設計者側でまとめた配置計画に対する次の三つの基本的な考え方を提案し確認しました。

一、可能であれば地上二層に抑えたい
二、ボリュームをコンパクトに抑えたい
三、無理な造成をせず、敷地の高低差を活かした造りとし、身近な場所に庭を造りたい

参加者は、この提案に意義がなければ以降の検討をこの提案の内容に沿って進めることになります。グループに分かれて検討する過程で、ほかの考え方を提案することももちろん可能です。

計画敷地は、現状では牧草地になっていたので、デザイン・ゲームを実施する前に現地に出向いて、「敷地読みとりアンケート」と

ワークショップ概要
名称　三愛ホームわくわく市民会議
分野　施設づくり
主催　三愛福祉会
参加者　三愛福祉会会員、他
実施年　二〇〇一年
実施場所　愛知県日進市

三愛ホームワークショップの「敷地読みとりアンケート」

いうプログラムを実施しました。現地で検討したアンケートの内容は、次の二つです。

設問一　「敷地の周りを見て大切にしたい宝物を三つあげてください」

設問二　「もし、この敷地の中に次のものをつくるとしたらどこが適切か、敷地の中で考えてください。畑のある庭、牧場の見える露天風呂、馬の立ち寄る小屋、クスノキとベンチ、祈りの場所」

「敷地読みとりアンケート」の結果から敷地の南側の最も高い尾根になる部分に外部空間の魅力を秘めたたくさんの手がかりがあることがわかりました。特に南東の角の部分は、すべての参加者が「祈りの場所」として選んだ部分であり、建物を配置するにあたっても大切にすべき場所であることを共通認識として確認することができました。

以上のような設計者からの情報提供と参加者による敷地条件の共有化を踏まえた上で、外部空間を活かす視点から配置計画を考える立体デザイン・ゲームを四つのグループに分かれておこないました。

四つのグループはそれぞれに愛知牧場とのつながりや道路からのアプローチなどを意識

真剣な面もちで「立体デザイン・ゲーム」をする参加者

敷地模型で敷地周辺の傾斜のようすを確認する。

「敷地読みとりアンケート」と「立体デザイン・ゲーム」の結果を発表する。

しながら、斜面に中庭形式の外部空間を持つ低層分棟タイプの計画案をまとめたのです。

　こうしてワークショップでつくったブロック模型の趣旨をできるだけ実現するような計画案を今度は設計者側が作成することになります。それぞれのグループの提案は、次回の市民ワークショップまでに設計者によって下の図のような計画案に翻訳されたのです。

200 分の 1 のスケールで作られたデザイン・ゲームのキット

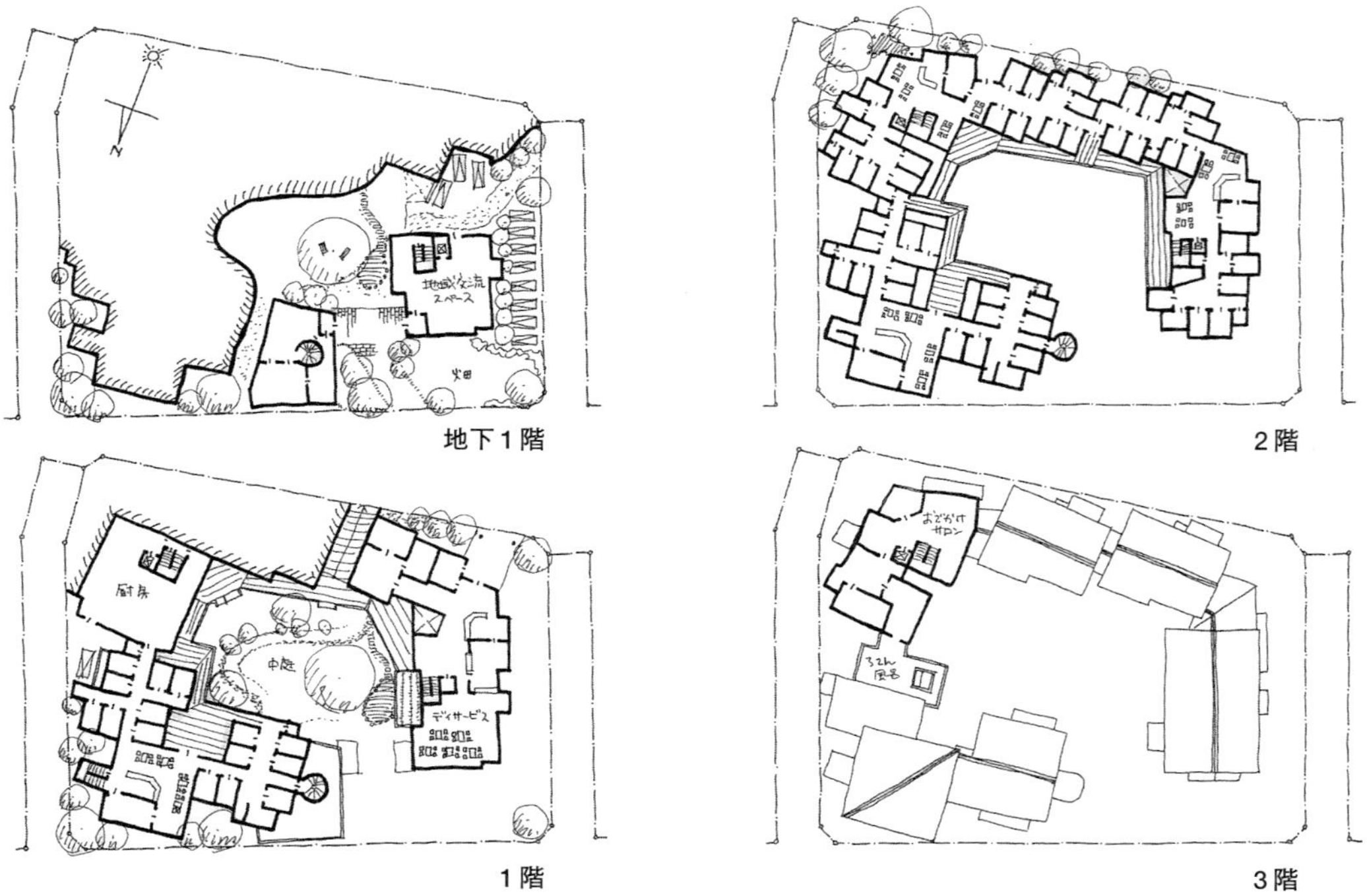

立体デザイン・ゲームのなかから選ばれた中庭を持つ低層分棟タイプのプラン

●事例14

消費者が商売をする側になりきって考える「絶対はやるお店企画案」

大和市消費者によるまちづくりワークショップ

平成一一年、神奈川県大和市の渋谷土地区画整理事業のなかで、主婦を中心とした消費者によるまちづくりワークショップがおこなわれました。ここでは消費者の視点で地域の問題点や地域での行動を見つめ直し、高座渋谷らしい商店街とは何かを考えるために、三〇名を超える元気な消費者が集まりました。

「魅力的な買い物空間からまちづくりを考える」というテーマで、計三回のワークショップがおこなわれ、商店街の役割を見直した参加者たちは、地域に役立つ商店街を目指して「高座渋谷の商店街で絶対はやるお店の企画案」をまとめました。

第三回目のワークショップでは、第二回ワークショップに出された「まわりにある不思議なお店のヒアリング調査」の報告がありました。まずは二軒の気になるお店の紹介。その後で、この地域で有名な肉屋さんを招き、商売繁盛のコツを聞きました。それらのお店の話を聞くと、それぞれのお店にこだわりや歴史がギュッと詰まっていることがよくわかります。大きなスーパーなどで買い物をすることが増え、商店街の元気がなくなっている現在、高座渋谷の商店街も例外ではありません。さらに今後区画整理が進み、一時的にしても町の人口も減ってしまい、ますます元気がなくなってしまうことが考えられます。

そこで、大型店にはない商店街の魅力を活かした、絶対にはやるお店の企画を一〇案、出し合いました。

企画の内容は業種、取扱品やサービスの内容、開業の目的や動機、セールスポイント、ターゲット、売り上げの目標(月額)、従業員数などであり、これらの企画内容をグループに分かれて出し合ったのです。

「どうしてこのお店を開こうと思ったのか」、「このお店の魅力は何か」を全体の場でプレゼンテーション。演劇仕立てのものもあり、

ワークショップ概要

名称　大和市消費者によるまちづくりワークショップ
分野　区画整理事業におけるまちづくり
主催　大和市
参加者　大和市市民
実施年　一九九九年
実施場所　神奈川県大和市

「絶対はやるお店企画案」のプレゼンテーション風景

話術もすばらしく、笑いあふれる売り込み合戦となりました。

消費者が商売をする側になりきって考える商店街づくりは、さすがに楽しいものばかり。高齢者がターゲットであったり、働く立場の側に高齢者の参加を提案しているグループも多く、高齢化社会に商店街が担《にな》える役目があることを認識しました。

その後、招き猫を一人一匹（票）ずつ持ち、企画表をにらみながら、はやりそうなお店に投票。結果は肉屋さんがメンバーに入った「こだわりギョーザ屋さん」が六票を集め、一位になりました。最後に、商店の方やコンサルタントのコメントをもらってワークショップは終了しました。

こうした発表の場では、必ず芸達者が存在します。そして主催者側にも芸達者がいると参加者のノリがグンと良くなります。和気あいあいと自由に発表できる雰囲気があることは、とても大事なことです。自分たちの話し合った結果が受け入れられている実感がわき、参加者同士も打ち解けて、さらに積極的な話し合いが、おこなわれるようになるのです。

このワークショップの場合、大和市の職員が皆芸達者だったために毎回楽しいムードがつくられていました。そこに元気いっぱいの主婦たちが加わるわけですから、ワークショップが盛り上がらないわけがありません。

参加者が楽しんで参加できるように小道具にも工夫したいところです。このワークショップでは、「はやるお店」というテーマだったために投票道具に招き猫を使いましたが、これは招き猫の絵を厚紙にプリントして切り抜いたものです。こういうアイデアを出し、労力を惜しまずにワークショップを準備することはとても大切なことで、主催者側のそうした姿勢は、参加者にもきっと伝わっていることでしょう。

「絶対はやるお店企画案」のなかの高得点案の例

お粥屋さん　4票
赤ちゃんからお年寄りまで健康と美容のこだわり粥。和粥から中華粥まで。具はバイキング式で自分で好みのものを好きなだけ選べ、いろんな価格帯にできる。梅干２個で３０円。季節の副菜も提供。年配者、子供向けの軽い食事。若者のダイエットにも。具も量もお好み次第！
売上目標：112.5万円／月
スタッフ：3人

メモリアル・ライフ　3票
おまかせ下さい！！ご葬儀・ご法事。予算にあった資金の積立を受付。女性がきめ細かいサービスを担当。核家族化や少子化により老人世帯では準備やお返しもままならないため、そのお手伝いをします。法事の料理・お返し品・花・フルーツなど地域の商店を利用し、地域ぐるみの活性化を図ります。
売上目標：1000万円／月
スタッフ：10人

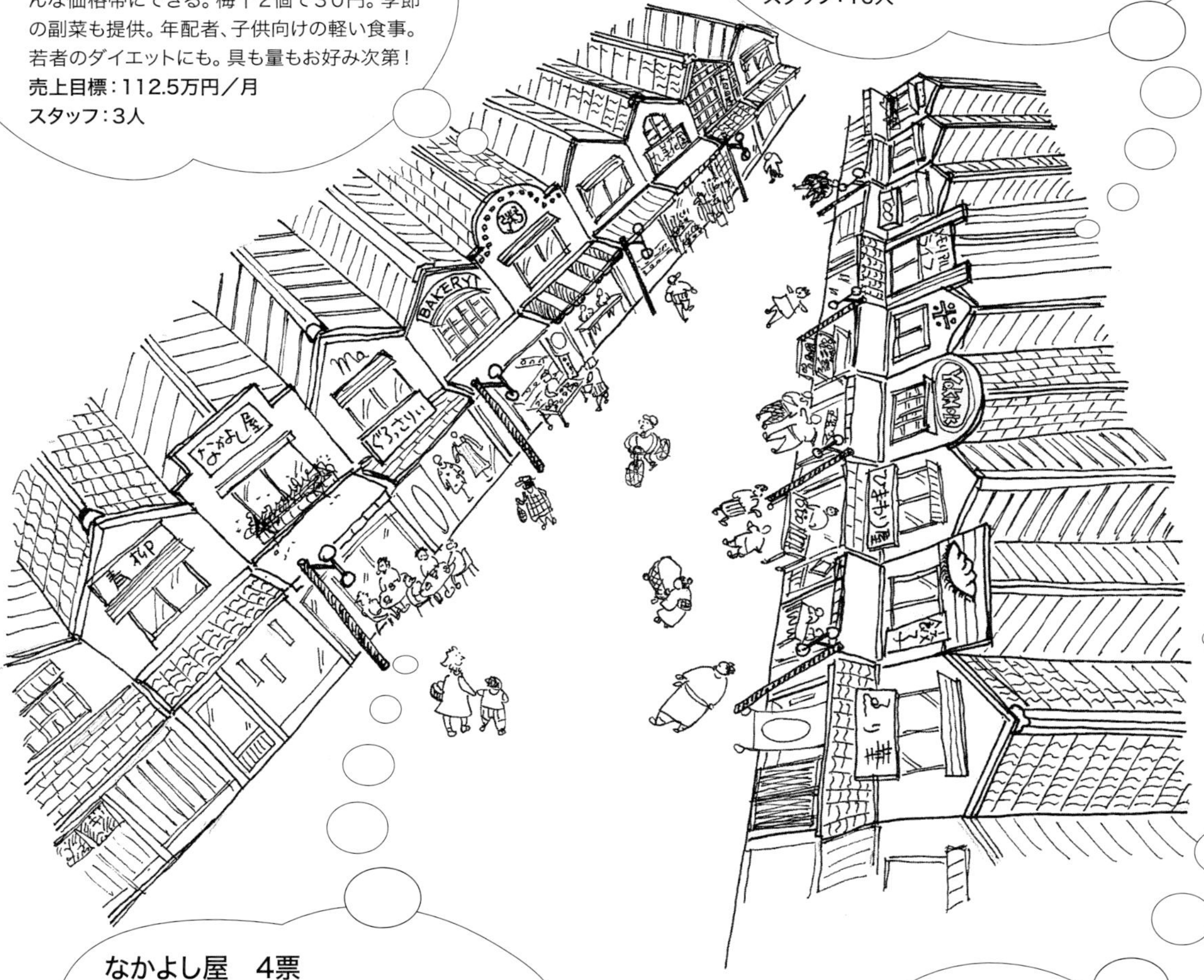

なかよし屋　4票
お年寄りも障害のある人も、ふつうの人もなかよくおしゃべりできます。お勧めは手づくりケーキ。 ランチやお弁当もあります。手づくりの、安全な食べ物屋。LETSパスポートを発行します。点字のメニューや字の大きいメニューも用意。車椅子でも入れます。作品の発表ができるギャラリーもあります。
売上目標：100万円／月
スタッフ：2人。
他は口コミでボランティアを募る（80才でも90才でも働ける人は誰でもボランティア）。

こだわりギョーザ屋さん　6票
絶品「こだわり豚」を使用した季節感あふれる手づくりギョーザ（じゃがいも、ヨモギ、さくら、ほうれん草など）。
お客様においしいものを食べてもらい、ハッピー。美味・健康・安全・こだわり豚のギョーザ屋です。赤ちゃんからお年寄りまで、オールマイティーに対応。
売上目標：60万円／月、 一皿300円
スタッフ：2人

●事例15

「アナログワープロ」でみんないっしょに条例文をつくる

多摩市市民自治基本条例策定市民ワークショップ

最近さかんに「地方分権」ということが言われていますが、北海道の「ニセコ町まちづくり条例」をはじめ、自分たちの「まちの憲法」をつくろうという動きが活発になってきています。東京都多摩市でも、平成一三年一月から一四年三月にかけて、「多摩市市民自治基本条例（仮称）」を検討するための市民ワークショップがおこなわれました。その間、二週間に一回という大変忙しいペースでの全体ワークショップだけでなく、運営委員会、条文案の起草委員会、市民全体にむけた市民フォーラム、市民報告会、そして市の職員のプロジェクトチーム会議も含めると、一〇〇回以上の話し合いがおこなわれました。

六〇数名の市民の集まりである「多摩市市民自治基本条例をつくる会」（大津山壽久代表）は、徹底して「市民の、市民による、市民のための条例案づくり」にこだわり、大変なことも決して面倒がらずに、ワークショップによる条例案の検討を進めました。検討が折り返し地点のまとめ段階にさしかかっていた平成一三年夏、私たちはファシリテーターとして参加することとなりました。

どんなワークショップでも、言葉は一番大切なコミュニケーションの道具です。しかし、条文という文章、すなわち言葉そのものを最終的につくろうというワークショップは、それまで私たちもあまり経験したことがありませんでした。条例の骨組みをつくる段階までは単語や単文で考えていればよかったのですが、最後の仕上げの作業では文章にする必要があります。そこで、その練習も兼ねて、条例の前文案を検討するワークショップをおこないました。

さまざまな世代や立場の市民の集まりである「つくる会」では、一人一人の受けた国語教育も読書歴も違います。当然、「てにをは」などの文章の書きっぷりや、言葉に対するこ

ワークショップ概要

名称　多摩市市民自治基本条例策定市民ワークショップ
分野　自治基本条例の検討
主催　多摩市自治基本条例をつくる会
参加者　多摩市自治基本条例をつくる会メンバー
実施年　二〇〇〇〜二〇〇二年
実施場所　東京都多摩市

だわりも違います。思いを一つにしていたとしても、わずかな言葉の感じ方の違いが気になってしまう。そういった違いを、どうしたら創造的に乗り越え、「まちの憲法」の「前文」にふさわしい文章をみんなで話し合ってつくっていけるのか、そのためのアイデアが必要でした。

そこで考え出したのが、「アナログワープロ」という方法です。ワープロはデジタルな機械で、しかも一人で使うものです。反対に私たちが考えたのは、人間の手で言葉を書いた紙の帯を切ったり貼ったりしながら、みんなで文章をつくり変える作業をやろうということでした。「デジタル」の反対だから「アナログ」。ちょっとしたシャレです。

当日のワークショップは、三段階で作業をおこないました。第一段階は、以前まとめた前文に盛り込むべき項目の確認をしました。第二段階では「前文を書いてみたい」という人二一名が宿題にして書いてきた「前文案」を全部読んでから三、四人ずつで話し合い、前文案のもとにする案を選びました。

そして第三段階、いよいよ「アナログワープロ」の登場です。それぞれのグループで選んだ前文案の内容や文章を活かしながら、紙の帯（約六センチ×六〇センチ）に書き分けた文章を並べ直したり、切り取ったり、新しく書いて加えたり、別の言葉に置き換えたり、あたかもワープロの操作のように、「ああでもない、こうでもない」と議論しながら、前文案を考えました。

一時間ちょっとの作業で、八つのグループから、それぞれの思いのこもった前文案が提案されました。それらの提案は同じ日の最後に選ばれた条文案の起草委員が引き取ってみんなの思いをまとめ、その後のワークショップで話し合いながら修正を繰り返しました。そして、最終案の前文は、次のような市民手づくりにふさわしいものになりました。

多摩市市民自治基本条例・市民案「前文」

「私たちが暮らす多摩市は、太陽の光あふれる、緑豊かなまちです。

私たち市民は、ここに集い、あるいはここで生まれ、暮らし、働き、学び、育ち、命を育み、命を終え、それぞれの歴史を刻んでいます。

この大切な私たちのまちを、誰にとっても

アナログワープロでみんなの思いを案文にまとめる。

暮らしやすく、生きていて楽しいと感じることのできるまちにするために、私たち市民は、ともに力を合わせていかなければなりません。そのためには、市民が、市民の手で、市民の責任で主体的にまちづくりにかかわっていくことが必要です。

このことは、市民自治の原点であり、地方分権の流れのなかで、これを確実にすることが求められています。

私たちは、誰もが市民としての誇りを持ち、一人一人の人権が尊重され、市民の自治が保障される地域社会の創造を目指し、ここに、多摩市市民自治基本条例を制定します。」

この前文案を「アナログワープロ」という方法で検討したのは、実は市民ワークショップのほんの一場面に過ぎません。平成一四年三月、「市民報告会」で発表された「市民自治基本条例案」は、前文と二八条で構成されています。条文の一つ一つは、市民によって、時には激しい議論を通して練り上げられたものです。その内容が未来に向けたすばらしいものであることはもちろんですが、ワークショップ方式にこだわった検討のあり方は、市民が主役となる社会への成熟過程そのものであったと思います。

「市民自治」は、市民たちが議会・行政なども含めたさまざまな人々とのコミュニケーションの積み重ねによって、地域を住み良くしていくことだと思います。それをうまく進めていくためのみんなの約束事が、「市民自治基本条例」です。多摩市のワークショップでは、市民、市職員、市議会議員（一市民という立場の参加でしたが）の新しいコミュニケーションの場がつくられていました。

「自治基本条例」をつくろうという動きは、全国の自治体に広がってきています。しかし、多摩市の事例ほどワークショップによる条例づくりにこだわった例を、少なくとも私たちは知りません。「自治基本条例」をつくろうとする時、いかにたくさんの人たちが活発に意見を出し合えるかが、実は一番重要だと思います。そういうわかっていてもなかなか実行が難しいことを、ねばり強く、本当にやってしまったことに、多摩市の事例の価値があるのだと思います。

平成一四年六月、条例案は検討経過と条文の解説、そして参加者のよせる想いとともに、

「多摩市市民自治基本条例提言書」にまとめられ、多摩市長に手渡されました。今まさに、新たな市民社会づくりがスタートしようとしています。

「アナログワープロ」でみんないっしょに条例文をつくる。文章を並べ直したり、新しく書き加えたり、切り取ったり……。

5 全体と個の関係づけを工夫する

意見集約コミュニケーション

ワークショップ参加者の意見を集約していくことを主な目的としたプログラムは、一連のワークショップの後半に多く実施されます。具体的には以下の四つのプログラムが代表的なものと言えます。これらのプログラムの中には、文章を相互編集してつくり上げていく「デザイン・ランゲージ」の手法や参加者の意見の調整を図っていく「旗揚げアンケート」など、私たちがオリジナルに開発したプログラムも多くあります。

意見を調整してまとめるプログラム

「旗揚げアンケート」は、さまざまな論点が明らかになってきた段階で、参加者の意見を一つの方向にまとめていくのに有効な応用範囲の広い方法です。このプログラムは、短い時間で多数の参加者を対象に、インタラクティブなコミュニケーションを実現する手法として、一九九一年に私たちが開発したものです。参加者の意見集約を目的としたワークショップの最終段階でよく使われるプログラムの一つです。

このアンケート方式の話し合いは、決して多数決による決定手段ではありません。項目の選択結果を数字で明らかにするものの、その場で結論を出すことを主な目的とするのではなく、参加者全体の意見をその場で改めて確認し、そのテーマの論点を明確にして、それぞれの意見の違いを理解し、あくまでも課題に対する認識を共有化することに主眼をおいたものなのです。

旗揚げアンケート方式の細かな工夫として、回答を選ぶ前にグループの中で少し話す時間をとり、選択の判断を相互に自己調整するように進める場合もあります。グループによって選択の傾向が異なるような場合も、札の色を見て、その場で参加者自身が確認することができるので、不信感につながることはありません。複数回答を認めたほうがよいような設問の場合は、二人一組や三人一組で番号札を選ぶことも可能です。自分の意見が少数派であるか、多数派であるかを予想した上で選択してもらうことも面白いかもしれません。

旗揚げアンケートの応用編として、「その場アンケート」というプログラムもあります。これは番号札を上げて意思表示をするのではなく、個別にアンケート用紙に○をつけ、その場で回収して集計する方式です。みんなの前で番号札を上げて答えにくい内容の場合は、この方式が向いていると言えます。「その場アンケート」方式では、アンケート用紙に名前を記入してもらうことができるので、誰が何を選んだかの記録を残すことができます。個々の参加者が何を選んだかが重要な場合には、「その場アンケート」方式が有効かもしれません。

いずれにしても地域の合意は、簡単に白黒がつけられるようなものではありません。地域の中に対立構造が生まれることを恐れるあまり、行政は全体の意見のありさまを明確にすることを避ける傾向があります。全体の意見のありさまを明らかにした上で、さまざまな保留事項や付帯条件を抱えて、地域としての決定をそれぞれ受け入れていくという姿が実際のところなのではないでしょうか。

少数意見を持つ人のなかに、地域にとっていち早く不自然さに気付くカナリアのような、あるいは暗闇の中で道を指し示してくれる灯台のような貴重な人材がいることもあります。声の大きな人の陰に隠れて見えなかった人に、地域の中で新しい役割が与えられ、地域の舞台に立つ役者の層が厚くなることによって地域が変わり始める。「まちづくりワークショップ」の場は、まちづくりという舞台のオーディションのようなものかもしれません。

提案を検討し、修正・評価するプログラム

ワークショップで語られた参加者の言葉をつないで、計画案のイメージを表現する「デザイン・ランゲージ」という方法があります。この手法の開発によって、数十人が同時に提案を修正する作業をワークショップのプログラムに組み入れることが可能になりました。この手法を開発したのは、計画案のイメージを具体的なもので見せるのではなく、参加者それぞれの頭の中に思い描いてもらうための支援技術として、共通するイメージや空間体験を言葉で表現して伝えるというプロセスが有効であると考えたからです。

言葉によるイメージの伝達は、ちょうどホログラムの映像のように適度な曖昧さを残しつつおこなわれます。そこからさらに議論を重ねることで、曖昧であった細部のイメージを次第に明確にしながら、全体像が共有化されていくプロセスをつくり出すことが可能となります。

全体と部分の創出を同時進行的に進めていく上で、言葉による表現はより日常的で自然な認識のプロセスを生み出すことができるのです。

専門家の意見を織り込むプログラム

話し合いの節目となる適切な時期に、専門家の意見やアドバイスを「ミニ講座」のようなかたちでプログラムに織り込んでいくことも有効なプログラムの一つです。児童館の基本設計をつくるワークショップで意外だったのは、参加者の多くの人たち（子供たちの父兄や地域住民）が児童館の役割や現状の活動を正確に知らないという事実でした。そのことを知って、ワークショップの初めの段階で、児童館の館長さんに話をしてもらうことにしました。

愛知県にある特別養護老人ホームのためのワークショップでは、ユニークな運営をしている他の特養ホームの職員の方や隣接するホスピスの職員の方などを毎回お呼びして、それぞれに貴重な意見や情報を提供してもらいながら、専門家でない参加者の想像力を膨らませていくことができました。

多摩市の市民自治基本条例を策定するワークショップでは、条例文案の最終検討の場に法学部の教授を招いて、アメリカのホームルールチャーター✦11の精神などの話も交えて新鮮な視点からコメントをもらい、議論を進めることができました。

論点を絞り課題を投げかけるプログラム

ワークショップの最終段階で計画案の検討課題を絞って全体で議論し、決定していくためのプログラムです。立場の違いを超えて合意していくプロセスには、筋書きのないドラマがしばしば起きます。

✦11
アメリカの自治体の自治憲章のこと。アメリカでは、「地域のことは、地域において決定し、実行する」という「ホームルール」の思想がある。自治憲章の制定に際しては、州政府の規定した一般的な範囲内であれば、住民が自由に規定できる。

神奈川県大和市の公園ワークショップで遭遇したトイレをめぐる小学生たちと大人たちの議論が忘れられません。この大和市の公園ワークショップのプログラムでは、それまでに明らかになってきた課題を絞り込んで、四つほどのテーマに分かれてグループで検討する内容が用意されていました。ドラマは、トイレと東屋《あずまや》を検討するグループで起きました。運営側の思惑としては、トイレと東屋はゲートボールで公園を利用するお年寄りのグループが検討することになるはずでした。そのことを前提として、トイレは予算や管理の問題を考えると、できればつくりたくないと考えた行政側のいわゆる根回しが、自治会との間でできていたのです。

そこに予想を裏切って割って入ったのが、数人の小学生たちでした。彼らの中には公園の隣に住んでいる子もいて、トイレがなくて借りにくる人の話や、トイレがぜひほしいという人の意見まで事前に調べて紹介するという、説得力のある議論が繰り広げられたのです。思いも寄らぬ展開に、行政も自治会の責任者もたじたじとなり、トイレ論議は次回に持ち越されることになったのでした。

このような議論が展開されるところまでくれば、ワークショップの議論に意味があったと、参加者が実感できる段階になったと言えるでしょう。

参加者の合意をつくり上げていくこの段階のプログラムは、話し合いのための道具などの準備以上に、問題点のあぶり出しや議論の進行など、参加者の主体性にゆだねながらもファシリテーターの専門性と個性の問われるプログラムであり、参加者の意識が劇的に変化する可能性を秘めた創発性の期待されるプログラムだと言えます。

●事例16

施設の使い方について意見を集約する「旗揚げアンケート」

川崎市日吉地区市民館・図書館分館基本構想策定ワークショップ

ワークショップ概要

名称　川崎市日吉地区市民館・図書館分館基本構想策定ワークショップ
分野　施設づくり
主催　日吉地区市民館・図書館分館基本構想策定委員会
参加者　周辺住民
実施年　一九九八年
実施場所　神奈川県川崎市

神奈川県川崎市日吉地区の市民館・図書館分館は、川崎市として九つの地区に整備する予定の六つ目の市民館・図書館分館計画です。地域の公共施設づくりを住民参加で進めるモデルケースとして位置づけられ、平成一〇年に五回のワークショップが基本構想策定委員会によって実施されました。市が買い取った旧国鉄グラウンドを舞台に、保健所の出張所も含む複合施設の基本構想づくりのためのワークショップが進められることになったのです。

　このワークショップには二つの大きな問題がありました。ワークショップで検討できるのは複合施設のうち市民館と図書館分館部分に限られていたことと、基本構想であるにもかかわらず基本設計に近い平面図が求められていたという点です。

　第一回ワークショップで敷地の状況を読みとり、配置計画の「デザイン・ゲーム」を実施して施設の条件を外側から理解しました。その成果を受けて、第二回ワークショップでは、必要諸室の面積配分など、施設の条件を内側から確認する作業をしました。第三回目には、それまでの意見をまとめるかたちで最初の「デザイン・ランゲージ」を提示し、さらに施設の特徴づくりとして市民館と図書館の利用を担《にな》っていく立場にある市民の方々から直接意見を聞き、施設の特徴づくりについて話し合いました。

　そして第四回ワークショップでは、それまでの検討で曖昧になっていた「デザイン・ランゲージ」の部分や意見の割れている問題について、「旗揚げアンケート」方式で検討する場が持たれたのです。

「旗揚げアンケート」の設問として用意されたのは、次の五つの項目でした。

設問一　図書館分館の特徴づくりについて

設問二　予約なしで利用できる小さなフリースペースについて
設問三　郷土資料コーナーの設置位置と内容について
設問四　児童室と和室の考え方について
設問五　印刷・作業室の利用方法について

これらの設問は、既存の施設の経験を踏まえて、住民と行政のそれぞれの立場から問題提起されたものでした。図書館の面積を増やしてほしいという要望や、郷土資料コーナーの要望と運営方法の問題、実際の利用方法に合わない和室や印刷・作業室の見直しなど、基本構想に明確な方向性を示す必要があると考え、「旗揚げアンケート」方式で全体の議論を進めました。

興味深い結果になったのは、設問二のフリースペースに関する話し合いでした。結果を住民と行政職員の票に分けて集計してみると、なんらかのルールを求めているのは、意外にも行政職員よりも住民のほうに多いという結果になりました。聞いてみなければわからないことは意外に多いものです。

旗揚げアンケート

●事例17

空間を文章で表現する「デザイン・ランゲージ」

宮城野区シンボルづくり計画策定ワークショップ

■住民参加の設計プロセスに有効な「デザイン・ランゲージ」

ワークショップの参加者としてグループディスカッションに加わっている建築設計者を見ていると、施設の利用イメージを話し合っているのにもかかわらず、プランニングを始めてスケッチを描いてしまうような場面に時々出会うことがあります。そうなってしまうと、他の参加者は口や手を出せなくなってしまい、ワークショップの意義は失われてしまいます。設計計画案を専門家の側から提示する場合、ワークショップ参加者は具体的な答えを求めているのではなく、自分自身で考えるための支援を求めているのだということを留意しなければなりません。

私たちは、計画案のイメージを参加者それぞれの頭の中に思い描いてもらうための支援技術として、共通するイメージや必要な条件を言葉で表現して伝えるというプロセスが有効であると考え、一九八七年以来「デザイン・ランゲージ」と名づけた手法を開発してきました。

この「デザイン・ランゲージ」のアイデアは、C・アレグザンダーの「パタン・ランゲージ[✦12]」にそのヒントを得ています。しかし、「パタン・ランゲージ」ではユーザーにヒアリングした結果を専門家が組み立て修正していくのに対して、「デザイン・ランゲージ」では参加者にその内容を修正してもらう「相互編集」プロセスを取り入れている点で大きく異なります。

住民参加の施設づくりを目的としたワークショップの場において、参加者から引き出された多くの意見をどのように設計に生かしていくことができるかという問題は、設計者が必ず頭を悩ませる問題だと思います。「デザイン・ランゲージ」は、あたかもその空間が存在し、その施設を訪れ、その場のできごと

ワークショップ概要

名称　宮城野区シンボルづくり計画策定ワークショップ
分野　施設づくり
主催　宮城野区文化センター等基本構想策定パートナーシップ推進会議
参加者　PaToNaみやぎの委員、仙台市民
実施年　一九九九年
実施場所　宮城県仙台市

✦12
アレグザンダーは世界各地の都市や建築の観察を通して、快適な環境に共通する要素を全部で二五三のパタンにまとめた。環境を構成するエッセンスであるこれらのパタンを組み立てることでデザインを進める方法を言う。

を語るように、ワークショップで語られた多くの言葉をつないで、施設の空間イメージを文章化し、物語のように表現する手法です。「デザイン・ランゲージ」の開発が、とりわけ住民参加が求められる公共施設の設計プロセスにおいて必要であり、かつ有効であると考えるのは、次のような理由によります。

一、図面のわからない子供や高齢者でも空間イメージを理解し、提案できる「言葉」を手段とすることで、専門家と利用者のコミュニケーションの可能性を広げることができる。

二、言葉を情報交換の道具とすることで、「相互編集」という作業を介してより多くの人の参加を可能にすることができる。

三、空間と行為を絶えずセットで考えることを可能にする。

四、空間を一度、言葉に置き換え情報伝達することで、情報を伝え合う双方に創造的な余地をつくり出すことができる。

■「デザイン・ランゲージ」でまとめた市民提案書「宮城野文化センター物語」

仙台市は、市民参加によって宮城野区文化センターの基本構想を策定するため、とりまとめ役として公募した市民により「PaToNaみやぎの」という組織を立ち上げました。この組織は一五回に及ぶ推進会議と五回のワークショップを経て、市民提案書「宮城野文化センター物語」をデザイン・ランゲージとしてまとめ、区長に提言しました。

「宮城野文化センター物語」（以下、「物語」と略す）とは、今回参加者が合意したハードとソフトを含む施設イメージを文章化した「デザイン・ランゲージ」です。

例えば、「物語」の「にぎわい、ふれあい、やすらぎ」の章の中の「ふれあいの場」の一項目について、その生成プロセスを見てみましょう。

第三回のワークショップまでに出されたさまざまなキーワードや要望を整理すると、「出会い、ふれあい、語り合い」、「広場のような文化センター」、「家の中にこもっている人」、「誰かのために自分を役立てたいと思っている人」、「仲間を求めている人」、「だれでも（高齢者と児童たち）が気軽に利用できるような場……」、「文化センターらしい軽食も取れる喫茶店」、「一階ロビーにコミュニケーシヨンのスペースを」、「交流の場や休憩所のある広いロビー」、「高齢者の集まる場所がほしい」、「手続きをしないで気軽に使えるスペース」、「娯楽室は、自由に高齢者などが集《つど》えるようなオープンな場になったらよいのでは」、「いつでも自由に遊びに来られる場所であってほしい」、「市民活動室はボランティアの連絡の場」、「いろいろな市民グループの集える場所に」、「囲碁や将棋はロビーの見えるところでおこなうほうが交流が生まれるし、利用しやすい」など、たくさんありました。

　これらを専門家の手でまとめたのが、以下の文章です。

「ゆったりした一階ロビーには情報センターのほかに宮城野区のボランティア団体やＮＰＯの活動拠点になっている市民活動室、手続きなしで使える交流スペース、囲碁や将棋も楽しめる少人数の談話コーナー、展示コーナー、区民広場に面した障害者グループが運営する喫茶店などがつながっています」

　この文章をたたき台にして、さらに相互編集作業が加わり、次のような意見が出されました。

「宮城野区に限定しなくてもよいと思う」、「趣味のサークルも市民活動室的なところを使えるといい」、「高齢者グループだっていいじゃない」、「部屋は有料にすべき」、「〈囲碁や将棋も楽しめる少人数の談話コーナー〉を削る」、「障害者グループが運営するのは絞り込みすぎな感じがする」、「手続きなしで使える交流スペースがあることはうれしい」、「宮城野区社会福祉協議会事務所をぜひ入れてほしい」、「話し相手になってくれるようなボランティアで雰囲気づくりができるとなおよい」、「いろんな部屋が一階に集中しがち。基本計画では階の構成について検討する必要がある」……。

　こうして最後に完成したデザイン・ランゲージは以下のようなものになりました。

「一階には、中央児童館と区情報センター、事務室が独立してあるほか、交流の中心となるゆったりとしたロビーがあります。ボランティア団体やＮＰＯの活動拠点になっている市民活動室、手続きなしで使える交流スペース、少人数の談話コーナー、展示コーナーが吹き抜け空間などによってつながっています」

ワークショップで語られた多くの言葉をつないで、空間イメージを物語のように表現する。

■参加者に共有された空間イメージ

デザイン・ランゲージの手法は、どれほど参加者に理解されたのでしょうか？　残された感想カードを手がかりに空間に対するイメージがどのように参加者に広がったかを考えてみましょう。

「心地よい陽ざしの中、電車が廃止された線路を浮き立つ気持ちで歩きました。宮城野原を過ぎ、いよいよ陸前原ノ町の駅舎と区役所が現われ、そして霜枯れた草の空地が私たちを迎えてくれました。あっ、この空地に『私たちの思いを織り上げた』文化センターが現われるのも遠い未来ではないと思った時、ワークショップに参加し、少しでも関わりを持てたことに誇りさえ感じました」

まったく図面なしの言葉のコミュニケーションの積み重ねが、それぞれの参加者の心の中に共有されたイメージとして立ち現われているることを感じさせてくれる一文ではないでしょうか。

「宮城野文化センター物語」の一部「ふれあいの場」のデザイン・ランゲージの例

- 施設の一階ロビーは誰でもが気軽に入りたくなるような雰囲気を持っています。ロビーで人々は気軽に出会い、ふれあい、語り合うことができます。
- 多様な文化活動団体は、この施設を活動拠点としてネットワークを広げています。
- 一階には、中央児童館と区情報センター、事務室が独立してあるほか、交流の中心となるゆったりとしたロビーがあります。ボランティア団体やNPOの活動拠点になっている市民活動室、手続きなしで使える交流スペース、少人数の談話コーナー、展示コーナーが吹き抜け空間などによってつながっています。
- 区文化センターのユニークな特徴の一つは、文化を芸術だけでなく幅広く扱っていることです。市民のユニークな企画による「食文化」、「歴史」、「生活文化」を体験し、楽しくふれることができます。
- 調理実習室は「食」を通して市民が交流できる、この施設のもう一つの中心となっています。外国人留学生も参加する料理教室グループによる交流会は、国際交流の機会として世界各国の味を味わうことができる人気の企画です。

●事例18

立場の違いを超えて生み出した「遮音壁なし」という選択

調布保谷線

環境施設帯ワークショップ

■騒音と景観問題の板挟み

調布保谷線は東京都西部の多摩地区をつなぐ南北幹線道路の一つで、幅員一六メートルの車道の両側に一〇メートルずつの環境施設帯をつくり、総幅員三六メートルの道路として整備するものです。そこで、住民参加による「環境施設帯整備検討協議会」が東京都の主催で開かれ、私たちもファシリテーターとして参加することになりました。

平成一三年度に七回、平成一四年度に三回の協議会が開かれ、その間に他地区の道路の見学会や環境施設帯モデルのオープニングも実施されました。ここは武蔵野の面影を色濃く残す深大寺や植物公園の近隣に位置し、地元の人たちが大切にしている場所です。道路際に立つ予定の高さ二メートルの遮音壁に対しては、住民の多くが第一回の協議会から強く反対しており、騒音問題と景観の問題から意見がまとまらないでいました。平成一三年度におこなわれた協議会では結論が出ず、モデルをつくってみてから検討しようと課題が積み残されたままでした。そして遮音壁や築山の高さを変え、実際の圧迫感や音について検討できるようなバリエーションをモデルとして用意したのです。

平成一四年度の最初に開かれた協議会では、このモデルを検証し、遮音壁に問題を絞って検討するというワークショップのプログラムを設定しました。この場で出された東京都の方針は、車道を低騒音舗装とし、遮音壁を極力下げて一メートル程度にするというものでした。「一メートル程度の高さの遮音壁ならいろいろな工夫ができるのではないか」という意見も出されましたが、「できることなら遮音壁を設けたくない」という意見が、グループ発表や感想カードでは、やはり多く出されていました。

ワークショップ概要

名称　調布保谷線環境施設帯ワークショップ
分野　環境施設帯づくり
主催　東京都
参加者　調布市市民、三鷹市市民
実施年　二〇〇一～二〇〇二年
実施場所　東京都調布市

ワークショップでは実際に遮音壁のモデルを造って検討した。

■「遮音壁なし」という選択

第九回の協議会を前におこなわれた東京都との打ち合わせの際、行政側から「現在、二層式低騒音舗装が開発中で、技術的に確立すれば将来的には遮音壁をなくせるかもしれない」という話がありました。その可能性があるにもかかわらず、住民の多くが望まない遮音壁を設置するのはどうか、「遮音壁なし」という選択肢も検討すべきではないかということが都とコンサルタント、ファシリテーターの間で問題になりました。担当係長としては可能性があるのなら「遮音壁なし」でいきたいとの思いがあるようでしたが、その一方で内部調整もしていない今の段階で、どこまでこの話をしていいものかという迷いもあったのです。この打ち合わせの場では「遮音壁なし」の提案を次の市民参加のワークショップでするかどうか、結論が出ないままワークショップ当日を迎えたのでした。

第九回のワークショップが始まり、まず低騒音舗装についての説明が、都の土木研究所の方を呼んでおこなわれました。前回、この技術に対して、参加者から土木研究所の論文を用いて疑問が出されていたのです。それを受けるかたちで専門家の意見を聞くプログラムを挟むことができたのは、この問題を深める上で大きな効果があったと思います。論文の著者本人から、現在の技術と将来の見通しについて丁寧《ていねい》に説明を受けることができたからです。

土木研究所の技術者の話によると、現在の環境基準では従来型低騒音舗装に遮音壁高さ一メートルを設ければ基準をクリアすることが可能という話でした。そして遮音壁一メートルにする場合のさまざまな工夫がコンサルタントから紹介されました。この説明で終わるかと思ったその時、担当係長から「遮音壁なし」が提案されたのです。「一メートルでも遮音壁は遮音壁。皆さんの強い思いを受け止め、内部調整も何もない状態ではあるが、私の私見として提案したいと思う」と。ここで女性の参加者の一人が立ち上がりました。「今まで何回か出席してきて、今日が一番感動した。都の係長の立場で、これだけ前向きな取り組みをしていることに感動した」と。

当然ながら「実験的にやるのはいかがなものか？」「遮音壁一メートルで工夫をすればいい」という意見もありましたが、多くの住民の支持があり、この方針で内部調整し、環境局との協議へと進めていくことになったのです。

■地域への愛着が行政を動かす

この回を境に、ワークショップの場が少し変化したように感じました。

「いくら担当係長がやりますと言ってくれたとしても人事異動になってしまえば終わり。都にお任せではなく、住民が継続して一緒に検証していくという地元の覚悟が必要」という、もう一歩議論を進めることをねらったファシリテーターの発言に対して、「都と一緒に監視するシステムが必要。協議会の継続を」、「私たち自身もリスクを取る覚悟が必要。地元と協議できる位置づけを」などの意見が出されました。

そして協議会最終回で都から出された方針は、「環境アセスメントの変更をした上で、二層式低騒音舗装とし、遮音壁はなし」でした。「住民がいらないというものをつくるべきではない」と、関係部局の多くの調整が必要な提案を選択したのでした。

協議会当初は、一八メートルから三六メー

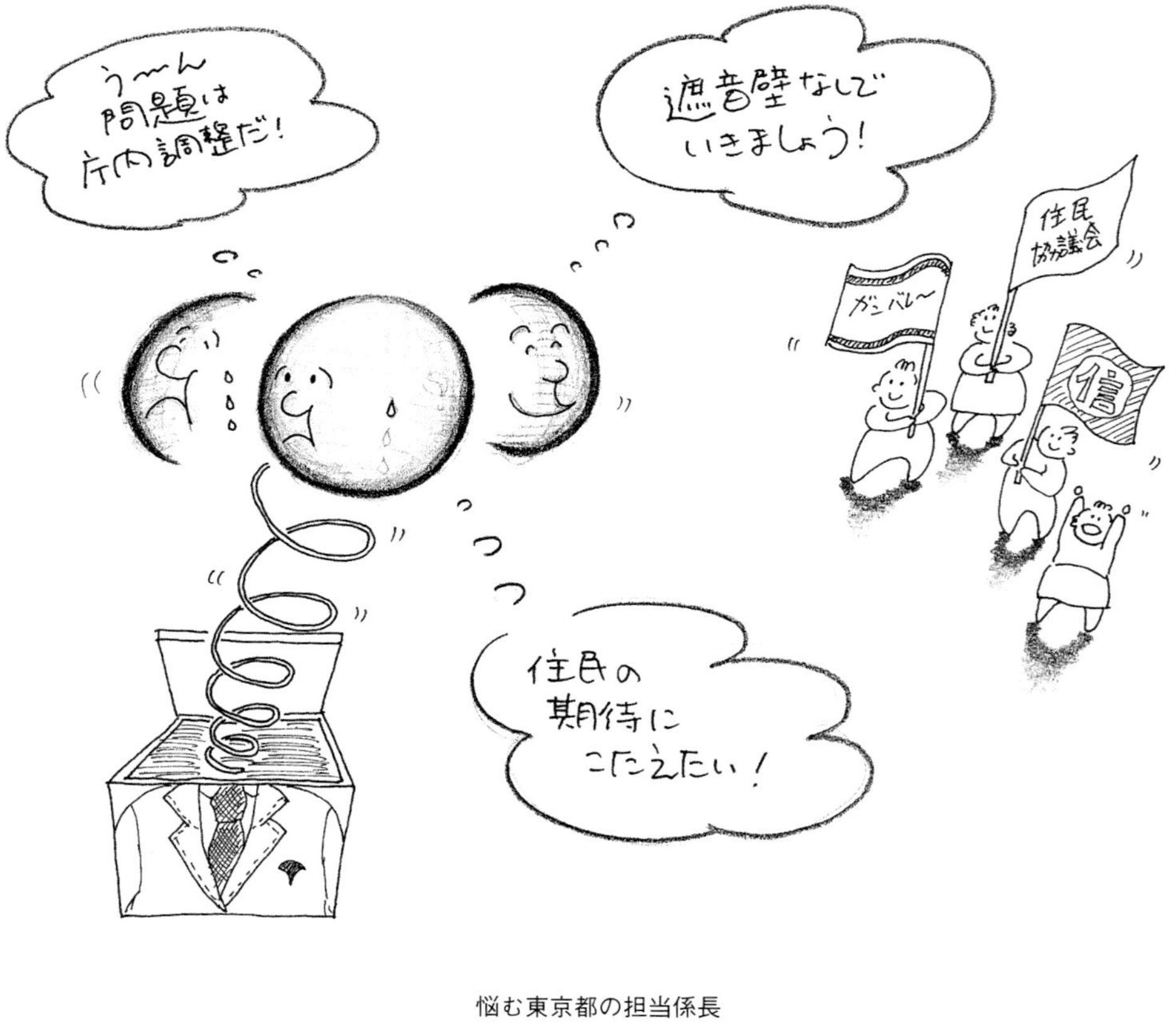

悩む東京都の担当係長

トル道路への計画変更経緯の不信感、そもそもこの道路変更が必要なのか、環境施設帯に限っての協議はおかしいなど、住民の都に対する不信、不満、心配は大きなものでした。しかし、ワークショップで出された疑問の一つ一つに丁寧に答え、必要であれば外部の専門家を呼んで話をしてもらうなどの都の対応に、協議会を重ねるにつれて参加者の気持ちも少しずつ変わっていったのです。

この協議会に出席した都の職員は皆、住民の意見に耳を傾け、住民の思いを受け止めていました。「私ができることなら頑張ってやっていきたい」という都職員の心意気を住民も感じたのでしょう。

このワークショップを準備するための内部打ち合わせに使われた時間は、一回三時間のワークショップに対して六～八時間と長く、打ち合わせ内容も濃いものでした。予定していたプログラム案が、打ち合わせの結果、一からひっくり返ったこともあります。行政とコンサルタント、そして私たちファシリテーターが納得できるまで議論し合うという、行政の逃げのない姿勢が、今回のワークショップでの成果につながったのです。

もちろんすべての不安が払拭《ふっしょく》されたわけではなく、「行政の片棒をかつがされた」という意見も最後までありました。しかし、回の最後に住民から「住民発議による住民協議会」の提案が出されたことによって、環境施設帯に限った協議ではなく、もっと広い課題をより多くの人と行政とで話し合っていける場をつくる可能性が開かれたのです。

「二メートルの遮音壁」が「遮音壁なし」になったこと、「都主催の協議会」が「住民協議会」となって継続したこと、これはこの協議会がもたらした大きな成果です。

それは住民の地域に対する愛着と、お互いが相手の立場に立って考えてみようとする住民と行政職員の気持ちがあったからだと思います。住民の力で行政を動かすことができる、住民の気持ちが行政に届く、そのことを体感することができたワークショップとなりました。

6 場の変化をとらえて記録する

その他のコミュニケーション

「感想カード」に残された参加者の意識の変化

私たちのワークショップでは毎回終わりに、必ずA５サイズの「感想カード」を参加者全員に書いてもらうようにしています。「感想カード」に表われた参加者の意見の軌跡は、ワークショップの場全体の意識の変化の記録です。三時間に及ぶワークショップが終了し、満足に時間を用意していないにもかかわらず、毎回熱心に長文の感想を書いてくれる参加者が多いのには驚かされます。この感想カードを改めて読み直してみると、不思議に個人の意見を超えたワークショップの「場の意識」（私たちは「集合的意識」と呼んでいます）のようなものの存在を感じることができます。

ワークショップの経験を積み重ねるに従って、これはとても重要な事実であることがわかってきました。個々の参加者の意見は、劇的に変化する場合もあれば、毎回ほとんど変わらずすべてのワークショップを終える場合もあります。しかし、全体として書き残される「感想カード」の総体は、すべてのワークショップにおいて明らかに変化を遂げていきます。

「感想カード」だけは、ワークショップの他のプログラムとは異なり、具体的な問いかけはなく、自由に何を書いてもよいことにしています。言い残したことや、個人的な提案のほかにもワークショップの進行やプログラムに対する批判を書くことも自由としているので、観察者的な評価の視点を含んだプログラムであるとも言えます。そのため「感想カード」からは、参加者のワークショップに対する姿勢や評価を読みとることができます。そこに表われた変化は、「まちづくりワークショップ」がもたらす参加者相互の関係性の変化であると言えるでしょう。このワークショップの「場の意識」の変容は、参加者集団の自己組織化の兆《きざ》しとして理解することができます。書き残された感想カードの中には、これらのことがみごとに映し出されています。

記録としての「ニュース」

毎回のワークショップの詳細な記録は、「ニュース」というかたちで次の回の参加者に直接手渡されます。書き言葉によるコミュニケーションの記録として、各回のワークショップの成果をまとめた「ニュース」は、とりわけ重要な役割を持っています。私たちは、この「ニュース」をつくるにあたって心がけていることがいくつかあります。

例えば、参加者に書き残してもらった各種カードの記録や発言は、すべて記録の意味を含めて掲載すること、そのとき参加していなかった人が読んでも、ワークショップの内容が理解できるように、当日紹介された情報の要点を再録すること、その話し合いが全体の流れのどの段階のワークショップなのかがわかるような流れ図を必ず載せること、個人の誹謗中傷《ひぼうちゅうしょう》やプライバシーの侵害にならない範囲で、記録はできるだけそのまま具体的に掲載すること、などです。

行く川の流れは絶えずして
しかも もとの水にあらず….

「ニュース」を参加者以外の市民に対しても大量に印刷して配布する場合は、要約版をつくることもありますが、「ニュース」の内容を行政が適当にピックアップして編集することは基本的に避けるべきだと考えています。このことを理解できない行政担当者と「ニュース」の編集についてぶつかったことがあります。担当者の「文字が多いと、市民はニュースを読まない。もっと文字を少なくして写真を載せればよい」という指示に対して「ニュースが読まれないのは、内容が読んでもわからない程度のものであったり、興味を持てないようなものになっているからである。もっと読んでもらうためには、話し合いのプロセスを詳しく伝えるべきである」と主張して対立したのです。結局、議論は平行線のまま終わりましたが、編集委員の一人であった市民から、もっと内容を充実させるように指摘されたにもかかわらず、かたくなに編集方針を変えない担当者の態度に、私たちはただあきれるしかありませんでした。

「ニュース」では、情報公開のあり方が問われます。参加者はすべての記録がカットされることなく載せられることで、行政による情報のコントロールに対する不信感を次第に解消していきます。同時にワークショップの場におけるコミュニケーションのルールを理解し、回を重ねるごとに積極的にプログラムに参加するように変わっていきます。参加者が毎回参加できなくても、それまでの話し合いの成果を前提として、次のことを検討していくことができるのも話し合いの経緯が詳細にわかる「ニュース」があるからです。

「感想カード」と「ニュース」は、ワークショップのプログラムからは、少しはずれる内容かもしれませんが、以上のような意味で、ワークショップの重要なコミュニケーション技術の一部だと私たちは考えています。

おこなわれたワークショップの記録は、ニュースとして、次回のワークショップの時に参加者に手渡される。「深大寺つばめ児童遊園づくりワークショップ」のニュース『つばめだより』の例

●事例19

参加者の意識の変化を映す感想カード

調布保谷線環境施設帯ワークショップ

ワークショップ概要
名称　調布保谷線環境施設帯ワークショップ
分野　環境施設帯づくり
主催　東京都
参加者　調布市市民、三鷹市市民
実施年　二〇〇一〜二〇〇二年
実施場所　東京都調布市

事例18で取り上げた環境施設帯をめぐるワークショップについて、もう一度改めて「感想カード」に表われた住民意識の変化を詳しく検証してみましょう。

■市民の不信、行政の懸念

住宅地に建設されるこの幹線道路は、先にふれたように、環境施設帯と呼ぶ一〇メートル幅の副道および歩道部分を持つ上下四車線の三六メートル幅の道路として、都市計画決定が三年前に変更されていました。ワークショップの目的は、環境施設帯のモデル整備計画案を周辺住民の要望をとりまとめて実現することにありました。行政は道路整備の方針について地元説明会は終えたものの環境施設帯の整備内容について地元の理解を前提にして、要望を取り入れていく方法を模索していました。都道府県レベルでは珍しく、まちづくりワークショップに興味を持ち、現実のプロジェクトとして実践していく力量を持った行政マンの意志によって、このワークショップは日の目を見ることになったのです。

この地域では、以前道路計画に反対する立場から緑を守りたいという一部住民によって沿道住民を対象としたアンケート調査がおこなわれていました。度重なる行政に対する申し入れもあり、こうした住民の活動に対して行政は警戒感を持つようになっていました。しかし、決してこれらの住民に対して行政の側からコンタクトをとることはありませんでした。彼らと行政の間には信頼関係を醸成するようなコミュニケーションの回路はそれまでなかったのです。

ワークショップを開催する際の一番の心配事は、彼らのワークショップへの参加と意見の取り扱いについてでした。公平性を欠くので一部住民との接触はするべきではないという行政側の論理は、私たちには理解しがたいものです。まちづくりワークショップの実践は、多くの場合、組織と個人の問題をあぶり出すことになります。一連のワークショップのプロセスのなかで、明らかに参加者の意識は変貌していきます。市民と行政職員の直接的な対話が、実りの多い成果をもたらしてくれる事実に注目すべきだと思います。

この場合も行政の担当者は、住民対応に少なからぬ不安を抱いていました。環境保全派による申し入れに慎重に対処しつつ、ワークショップの場がこれらの人々の意見によって左右されることを懸念していたのです。こうした懸念が、「公平性を欠く」という理由から住民に対してできるだけ直接のコミュニケーションを避けるような判断を行政担当者にさせることになっていたのです。

しかし、こうした心配とは裏腹に、参加者の意識は確実に変わっていきました。

■「感想カード」に表われた参加者意識の劇的な変化

毎回のワークショップの最後に必ず書いてもらう「感想カード」には、ワークショップの回を重ねるにつれて参加者の意識が変化していくようすが、手に取るように表われていきます。

- 第一回協議会感想カード「この協議会の趣旨は理解したが、協議会の運営方法、あり方等、いずれにしても根本的な行政のあり方に異議、異論ありです。近代民主主義では考えられない封建制時代の名残りを感じる。スタイルは開かれた住民参加と強調しているが、疑問です！」
- 第二回協議会感想カード「種々意見を求めているが、最終的にまとめきることができるのか？」
- 第三回協議会感想カード「前回までさまざまな意見があったが、今回は比較的よくまとまってきた」
- 第四回協議会感想カード「今回の成果が具体的な道路にどのように生かされたかによって、市民と行政の間にパートナーシップが生まれると思いますので、大事な実験例として参加したという言葉だけの成果として取り扱わないようにお願いします」
- 第五回協議会感想カード「今日は横断歩道等がテーマの中心だったので、割合よくまとまったと思う」

●第六回協議会感想カード「毎回、参加するたびに市民（都民）の考えと行政の人の考える道づくりをすり合わせて協働作業をしているという手応えがあります。これから都道を新しくつくっていく際の、モデル事業になるように進め方のソフトを構築していっていただければ幸いです」

●第七回協議会感想カード「整備の段階で、地権者と話し合いをするとのことですが、やはり完成前に地権者の人が集まって、どのタイプにしていくのか話し合いを十分にする必要があると思います（タイプごとに地区での維持管理の方法も違うと思うので、地区の意志が一つになったほうがよい）。モデル地区のイベントには調布北高校が沿道にあるので、高校生（自転車通学者）にも参加を呼びかけたらどうか。モデル地区にはモデル完成までに参加してくださった方のお名前や活動を（了解が得られれば）展示したらどうでしょう」

●第八回協議会感想カード「草取りが大変とか、落ち葉が散らかるとか、後のことは都がどうしてくれるのかという声もあるけれど、すべて行政の方にというのではそれな

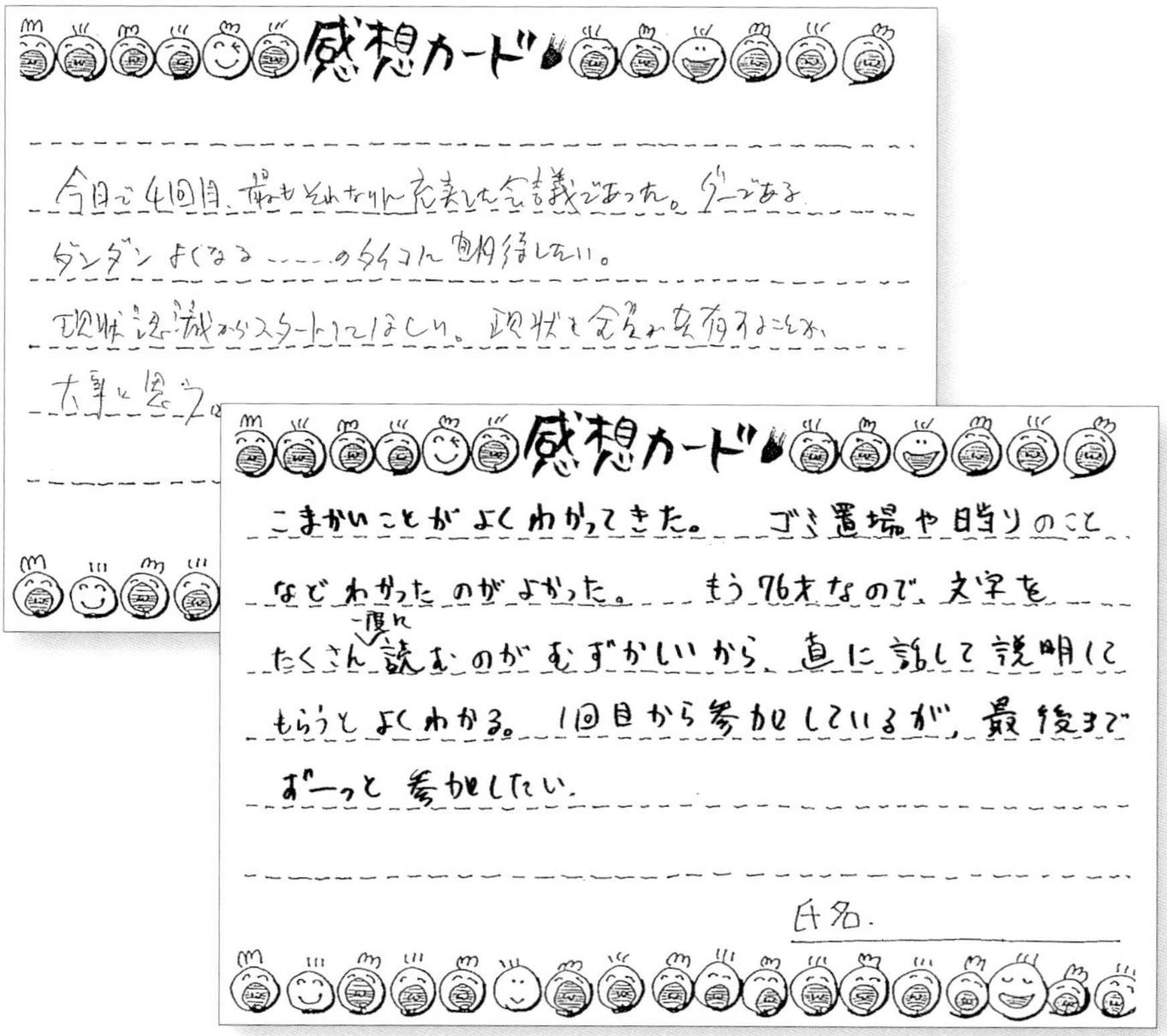

りのまちにしかならないと思う。やはり住民の協力や努力があってこそ、よいまちになっていくのだと思う」

●第九回協議会感想カード「住民参加で計画づくりをすることは、本当に行きつ戻りつの議論の積み上げなんだと実感しました。わがまちにふさわしくない道の提案に異を唱《とな》え、ここまで話し合いによりなんとか進んできたのが現状ではないかと思います。わがまちの道づくりに取り組もうと話し合いに臨んできた住民の覚悟も問われてきた気がします。住む人が考える景観や環境に配慮したまちづくりのなかでの道づくりは、行政と協力しなくては成り立ちません。お互いの歩み寄りにより実現するものです。話し合う場の確保を行政にも理解してもらい、テーブルを設定することを希望したい。新しい道路づくりのためのステップを住民も都も踏み出す勇気を持ちましょう」

●第一〇回協議会感想カード「ようやくここまで来たという感、有りです。住民自治という言葉を都民自治に言い換えれば、これからが大事です。これから相互に話し合う場は必ず重要になってきます。新たに呼びかけることは難しいわけですので、住民協議会が設立された折には住民の窓口として、三・二・六号線道路を住民本位の道路として機能するように、これからも築いてきた信頼関係をさらに高めながらつくっていく場として位置づけていただきたいと思います。お疲れさまでした。これからまた、よろしくをそえて」

はじめの二回のワークショップに対する住民の不信感の表明は、三回目以降急速に鎮静化していくことが読みとれます。さらに第七回、第八回目には参加者自らが協議会の今後について意識し始めていった点に注目してください。第九回に至って都の担当者と参加住民の間には確固たる信頼関係が生まれたようです。

こうした「感想カード」の発言に表われた変化を見ても明らかなように、行政と住民の間のコミュニケーションが決定的に不足している点が、根本的な問題だと私たちは考えています。

●事例20

星空映画会はすばらしい!
「応急仮設住宅屋外上映会」

南芦屋浜団地
暮らしのワークショップ

「南芦屋浜団地暮らしのワークショップ」は、震災復興住宅に入居する仮設暮らしの被災者の方を対象に、入居以前からコミュニティづくりを進めることを目的として実施されたまちづくりワークショップです。第一回ワークショップ後の打ち合わせ会の帰り道、私たちは何か参加者の人たちが元気になるようなイベントを企画したいと話し合っていました。誰かが映画会の提案をした時、私のなかで何かがひらめきました。

「そうだ！　あの映画を仮設住宅で屋外上映できたらきっと素敵なことになる！」

確信めいたものが私を突き動かし、篠田正浩監督に上映の相談を持ちかけたことからこの企画は始まりました。そして、本当に夢のような屋外映画会が実現したのです。

台風一過の少し肌寒い夕暮れ時に、松竹の尽力により本格的な映写機と立派なスクリーンが設置された会場で、「瀬戸内ムーンライトセレナーデ」の上映が、阪神・淡路大震災のシーンから始まりました。すでに半分ほどの人が移転していってしまった仮設住宅では少し寂しい観客数だったとはいえ、映画にこんなすばらしい力がひそんでいることを改めて発見することができた素敵な体験でした。

時間と空間を超え、今この現実が映画の中で流れ出し、結果としてつらい現実の中にある心を癒《いや》し、そして励ましてくれる夢のような時間を共有することができたのです。

以下が、その時の上映会のお願いの手紙です。

「瀬戸内ムーンライトセレナーデ」
応急仮設住宅屋外上映会のお願い

私どもは、南芦屋浜に住都公団復興本部が建設を進めている震災復興公営住宅に入居予定の被災者の方を対象に、協働の暮らしづくりのトレーニングを進める実行委員会のもの

ワークショップ概要

名称　南芦屋浜団地暮らしのワークショップ
分野　コミュニティづくり
主催　南芦屋浜コミュニティ・アート実行委員会、住宅・都市整備公団
参加者　応急仮設住宅居住者、他
実施年　一九九七年
実施場所　兵庫県芦屋市

です。

このたび、暮らしづくりのワークショップを一〇月までに六回ほど予定していますが、その流れのなかの適当な時期に、入居予定者および応急仮設住宅にお住まいの方を対象にして、親睦をはかり映画で皆さんを元気づけることを目的として、簡単な屋外イベントをおこないたいと考えていました。

そうした折、篠田正浩監督より「瀬戸内ムーンライトセレナーデ」のレイトショーの招待券をいただきました。その映画を見て、この映画を応急仮設住宅の敷地内で屋外上映するアイデアに思い至った次第です。

芦屋市高浜町応急仮設住宅において約一〇〇〜二〇〇名の入居者を対象に、同じ運命の船に乗り合わせた隣人たちを再確認する意味を込め、瀬戸内の夕べの一時を過ごすことができたら、この映画にとっても素敵なできごとになるに違いないと思います。

ぜひ上映の許可をいただくようお願いする次第です。

一九九七年五月七日

南芦屋浜コミュニティ・アート実行委員会

コミュニティ・デザイン担当　伊藤雅春

第3章

「丸池復活プランづくりワークショップ」を読み解く

「まちづくりワークショップ」の流れを読む

ワークショップは、一つの手法であるという言い方があります。しかし本書で扱っているまちづくりワークショップは、例えばＫＪ法やＰＣＭ手法[✦1]、あるいはＤＩＧ[✦2]などのように定型化されていて進め方が決まっているようなものではありません。前章で説明したような、もう一段階細分化されたプログラムを臨機応変に組み合わせながら、その時々の参加者と目的に応じた一連のプログラムにより構成されたプロセス全体をまちづくりワークショップと呼んでいます。

その意味では、まちづくりワークショップを先にあげた手法のように明確にマニュアル化することはできないと言えるでしょう。それぞれのプログラムの説明とは別に、一連のプログラムを組み合わせていく方法について説明することが必要になります。

本章ではそのような考え方に立って、プログラムの流れに込められた意味とプログラムを構成していく技術を具体例を通して説明してみたいと思います。

三鷹市「丸池復活プランづくりワークショップ」は、一九九七年二月八日、市長のあいさつによって第一回目のワークショップがスタートして以来、一一月二二日の第七回ワークショップにおいて市長に提案書を提言するまで、毎回一〇〇名近い参加者を集めて計七回のワークショップと見学会、および懇談会を連続的に開催し、基本計画案をまとめて第一期の活動を終えました。一つ一つのプログラムが組み合わされ、一回のワークショップが構成され、その一回一回のワークショップ

✦1
一九九〇年代から、国際開発援助における効果的な計画・実施・評価を目的としたプログラムとして、ＦＡＳＩＤ（財・国際開発高等教育機構）が研究・開発を進めてきた手法。当事者と計画者が協働で、現状分析の段階からワークショップを積み重ねていくことを重視している。

✦2
Disaster Imagenation Game（災害図上訓練）の略称。自衛隊の図上演習のノウハウを災害対策に活用し、開発された地図上の防災訓練。一九九七年、三重県で初めて実施された。大きな地図を囲み、多様な情報を整理し、書き込みながら、災害の想定シナリオに対応するシミュレーションをワークショップでおこなっている。

「丸池復活プランづくりワークショップ」の流れ

96.10.26 **第1回丸池わくわくまつり** 参加者1500人

96.11.30 三鷹市まちづくり公社主催まちづくりカレッジ「まちづくりワークショップ実践講座」開催される(計3回)

96.12.8 **ワークショップ説明会**

97.1.30 **丸池復活プランづくり運営委員会**
第1回打ち合わせ
地域住民や丸池周辺町会、自治会の代表による運営委員会が組織される。(委員長・井上利明さん)

第1回ワークショップ
「現状をよく知ろう」

97.2.8 **第1回ワークショップ「現状をよく知ろう」**
昔の丸池と周辺の様子を聞く。公園用地(旧新川丸池児童遊園)から仙川沿いを探索し、気付いたことを地図に記録。仙川の水質検査もおこなう。参加者120名

97.3 池の試掘

97.3.8 **第2回ワークショップ「池について考えよう」**
池づくりの工夫を他の公園の事例から学ぶ。丸池への希望をカードに書き、みんなで意見交換。

公園用地で人の輪を作り、池の位置と大きさを確認。参加者72名

97.5.10 **第3回ワークショップ**
「計画案を作ろう」

公園用地を観察後、グループ別にどんな公園にしたいか話し合い、色紙やクレヨンで模型を作る。6つの計画案を作成し、発表。参加者73名。

第3回ワークショップ
「計画案を作ろう」

97.6.7 **意見交換会**
「丸池周辺および近隣の住宅に対する配慮と安全」をテーマに、より多くの議論とコミュニケーションのための意見交換会が開かれた。参加者35名

97.6.28 **池の見学会**
他の池のある公園の事例から学ぼうと、神奈川県大和市引地川公園「泉の森」「ふれあいの森」への見学会が催された。参加者39名

97.7.12 **第4回ワークショップ**
「池と小川の検討をしよう」

前回の計画案と専門家からのアドバイスを土台にして、池と小川についての検討をじっくりおこなう。参加者45名。

第5回ワークショップ
「公園全体の検討をしよう」

97.8.30 **第5回ワークショップ**
「公園全体の検討をしよう」

これまでの話し合いを反映させた計画案のたたき台と立体模型が提出される。実現したいこと、検討すべきことを旗に書き、それを模型に立てて、さらに検討を重ねた。参加者66名

97.9.27 **第6回ワークショップ**
「計画案を原寸体験する」

復活する丸池の大きさを公園用地で原寸体験。関心のある課題ごとに分かれて、検討。原寸体験からの提案、考えについても話し合う。参加者69名

第2回丸池わくわくまつり

97.11.22 **第7回ワークショップ「市長への提言」**
前回の話し合いを反映させた最終計画案を全員で確認した後、案と活動の記録を市長へ手渡す。参加者80名

97.11.22 **第2回丸池わくわくまつり** 参加者1000名

が何回かつながり、合意形成のプロセスが実現します。前章に紹介した個々のプログラムが実際にどのように組み立てられているかを「丸池復活プランづくりワークショップ」を例に見てみましょう。

■第一回ワークショップ

第一回目のワークショップは、「現状について共通認識を持とう」というテーマでおこなわれました。

まずは現地に参加者全員が集合して、何が始まるか興味津々のスタートです。第一回目の主要なプログラムを紹介すると、初めに現地で丸池の昔に詳しい地域の長老の話を聞き、次にコミュニティセンターに会場を移動して、丸池復活に寄せるみんなの思いをプラス思考とマイナス思考の評価軸の上に集める意見表出プログラムを実施しました。

メインプログラムは、丸池の水の現状を知ることを目的にした水質検査です。計画地に隣接して流れる仙川の水を一二〇名の参加者全員で検査しました。最近では、簡単に誰もが水質検査をその場でおこなうことができる「パックテスト法」[✦3]と呼ばれる用具があることも、この時初めて知ることができました。こうした用具の提供や専門的な説明と準備は、三鷹市の環境対策課にお願いしました。職員の方は、真冬にもかかわらず仙川を綿密に事前調査し、当日の説明には衣装や小道具にも気を使うなど、努力を惜しまず協力してくれました。

住民参加の公園づくりに行政内部のさまざまな専門家の役割をつくり、積極的に参加してもらうことは、ワークショップの成果を豊かなものにする上で重要なきっかけであることを教えられたのでした。この水質検査の結果、参加者は新しい池に溜まる水の清潔さの程度について、年代を超えて楽しみながら共通認識を持つことができたのです。

■第二回ワークショップ

第二回ワークショップのテーマは、「池について考える」としました。ワークショップを始める前から関係者の何人かは、大きな池を復活したいという思いを語っていました。大きいというイメージは人によって違います。どのくらいの池であれば大きいということになるのか、それが問題でした。

仙川の水質をみんなで調べる。

✦3
ポリエチレンチューブの中に、調合された試薬が封入されていて、ピンで穴をあけて調べる水を吸い込み、発色の度合いを変色標準色と比較して、水質検査をする。pH、アンモニア、亜硝酸、硝酸、リン酸、COD、残留塩素などを調べることができる。

最初に水辺のイメージについて、アドバイザーの小河原孝生氏（生態計画研究所）よりスライドを使っていくつかの事例を紹介してもらい、それぞれの思いを出し合いました。参加者の池に対する思いには、大きく四つの意見があったように思います。

一つ目は、かつての丸池の記憶を持ち、池の底から水が湧き出していた当時の丸池の雰囲気を再現したいと考えているグループ、二つ目は人工的なしつらえを排して水鳥、ホタルなどが棲《す》む水生植物園があるようなできるだけ自然に近い環境を再現したいと考えているグループ、三つ目は管理が行き届かないことに不安を抱いたり、池をつくることによって何らかの被害の発生（地盤沈下、虫の発生）を心配している直接公園の影響を受ける近隣参加者のグループ、四つ目に小学生などの意見に見られるように、池で釣りや水泳をしたいという水遊び優先グループです。

この池に対して、異なる思いを持つそれぞれの参加者たちは、この回以降、具体的に計画案を考え検討していくプロセスのなかで池そのもののイメージに対する合意点を徐々に見つけ出していくことになったのです。

池の大きさを参加者全員が手をつなぎつくり出す。

この回のメインプログラムは、池の大きさに対する話し合いの場面でした。みんなの頭の中にあるそれぞれの池のイメージを、現地で全員が手をつなぎ輪になってつくり出すことによって自然にその大きさを確かめ合うことができたのです。このプログラムは、実際のワークショップに先立っておこなったワークショップの研修会の際、参加者自身が思い付いたアイデアです。

■第三回ワークショップ

第三回ワークショップのテーマは、「計画案をつくろう」でした。計画案の概略模型を参加者自らが、グループに分かれてつくる「デザインゲーム」をメインプログラムとして実施しました。アドバイザーの小河原氏からこの計画案づくりの作業の前提になるような池に関する次の三つのヒントを提示してもらい、計画案づくりに取り組みました。

ヒント1　池のどこかに水鳥たちのための島をつくってください。

ヒント2　池のどこかに魚たちのために人の近づけない木陰をつくってください。

ヒント3　公園敷地のどこかに水の湧く泉をつくり、そこから池につながる水生植物のためのせせらぎをつくってください。

この模型づくりの作業に先立って、現地で「敷地読みとりゲーム」をおこないました。公園への入口や泉の湧き口の場所、仙川の利用方法などを現場で感じて敷地の持つ特徴を読み込むためです。「デザイン・ゲーム」の冒頭には、グループごとにキーワードで共通イメージをつくる作業をおこなっています。このなかで最も多かったのが「自然体験型公園」と「原風景再現型公園」という二つのキーワードでした。参加者の微妙な意見の違いがここにも反映されています。

キーワードに沿った各グループの公園計画案は、基本的な部分に共通イメージを持ちながらも、せせらぎの流し方などに工夫をこらした楽しいものばかりでした。

■第四回ワークショップ

第三回ワークショップが終わった後の運営

グループに分かれ、キーワードで公園のイメージを考える。

委員会で、計画案の検討が参加者の予想より早く進められていくことに対して、参加者側から検討不足を心配する声があがりました。計画案をまとめる前に、もう一歩突っ込んだ参加者の公園イメージに関する話し合いが必要だとの判断から、プログラムを当初の計画から変更し、ワークショップを一回増やして、その使い方のイメージについて全体で話し合う時間を確保したのです。

第四回ワークショップは、「池とせせらぎを検討する」をテーマにプログラムを再検討することになりました。アドバイザーの小河原氏からは、これまでのワークショップで話し合ってきた内容をふまえ、次の六つの指針が参加者に提案されたのです。

指針1　原風景を現実的にアレンジして提案を考えたい。

指針2　人と自然の共生を実現するような提案を考えたい。

指針3　泥んこでもいいというような使い方を想定したい。

指針4　安全に対する考え方の基本は自己責任を徹底して考えていきたい。

指針5　水の浄化についてはできるだけ生物的浄化を工夫して取り入れていきたい。

指針6　公園の管理については行政と住民のパートナーシップを活かしていきたい。

「旗立て検討ゲーム」で使われた大きな計画案の模型。
ぜひ実現したいところは青のカード、さらに検討したいところは赤のカードが差してある。

メインプログラムは、意見集約コミュニケーションの項で紹介した「旗揚げアンケート」を中心とした全体での話し合いです。公園の中に再生する自然に対する具体的イメージは参加者によって少しずつ違います。これらの違いは最終的に公園計画のなかにうまく組み入れられ、人の近づかない生物中心の水生植物園から子供たちが水遊びできるせせらぎまで、いくつか性格の異なる場としてきめ細かく実現されていくことになりました。

第三回と四回のワークショップの間には、さらにイメージを共有化するために懇親会と大和市の引地川公園の見学会を参加者自身が企画して実施しました。

■第五回ワークショップ

第五回ワークショップのテーマは、「デザインプランを検討する」です。前半の検討は、ファシリテーターが用意した「デザイン・ランゲージ」による意見集約のプログラムがおこなわれ、後半ではいよいよアドバイザーから参加者に一つにまとめた計画案が特大の模型とともに提示され、「旗立て検討ゲーム」によって意見集約がおこなわれました。

この回の議論のテーマの一つとして、水田や畑として提案された部分の運営問題が取り上げられました。地元のボランティアだけで維持管理が本当に可能なのか、農薬を使用することなく水田の世話ができるのかなど、もっぱら公園運営の問題に議論が集中することになりました。

■第六回ワークショップ

第六回ワークショップのテーマは、「全体で話し合おう」です。メインプログラムは、現地で計画案の最終確認を原寸でおこなう作業です。水生植物園の位置と規模、現状の樹木の保存など、その場で一つ一つの問題を決定していく作業となりました。この現地の確認作業を通して、二つの点について隣接住民と意見交換をした上で最終的な合意形成に至ったことは、このワークショップのなかで最も興味深いプロセスでした。

一つは計画案では伐採する予定だった杉の木が、かつて隣地の方が植えた思い出の樹であるということが現地確認でわかり、急遽《きゅうきょ》池の形状を少し変更してその木を残すことになったこと。もう一つは、公園計画そのもの

ワークショップのフィナーレ。計画案を市長に手渡す。

計画案の最終的な原寸確認を現地で杭を打ってする。

に反対を表明していた隣地の方が、宅地の南側に計画されている水生植物園の敷地に柵をしないことも含めてワークショップで練り上げてきた計画案に対して、最終的に同意したことでした。

■第七回ワークショップ

最終の第七回ワークショップにおいて、これまで話し合ってきたすべてをとりまとめた記録と地域住民の合意を図った計画案の模型をワークショップ皆勤の当時小学四年生だった須藤美咲さんが市長に手渡し、基本計画段階の住民参加を無事終了することができました。

第一回目にもワークショップに参加した市長は、このワークショップの成果を高く評価し、このワークショップの実績は、企画部を含む三鷹市の行政職員に強い印象を残すできごととなったのです。結果として、現在全国的に注目されている三鷹市の徹底的な市民参加による総合計画の策定づくりに発展していくきっかけとなったことは、後に聞いた話です。

丸池復活プラン

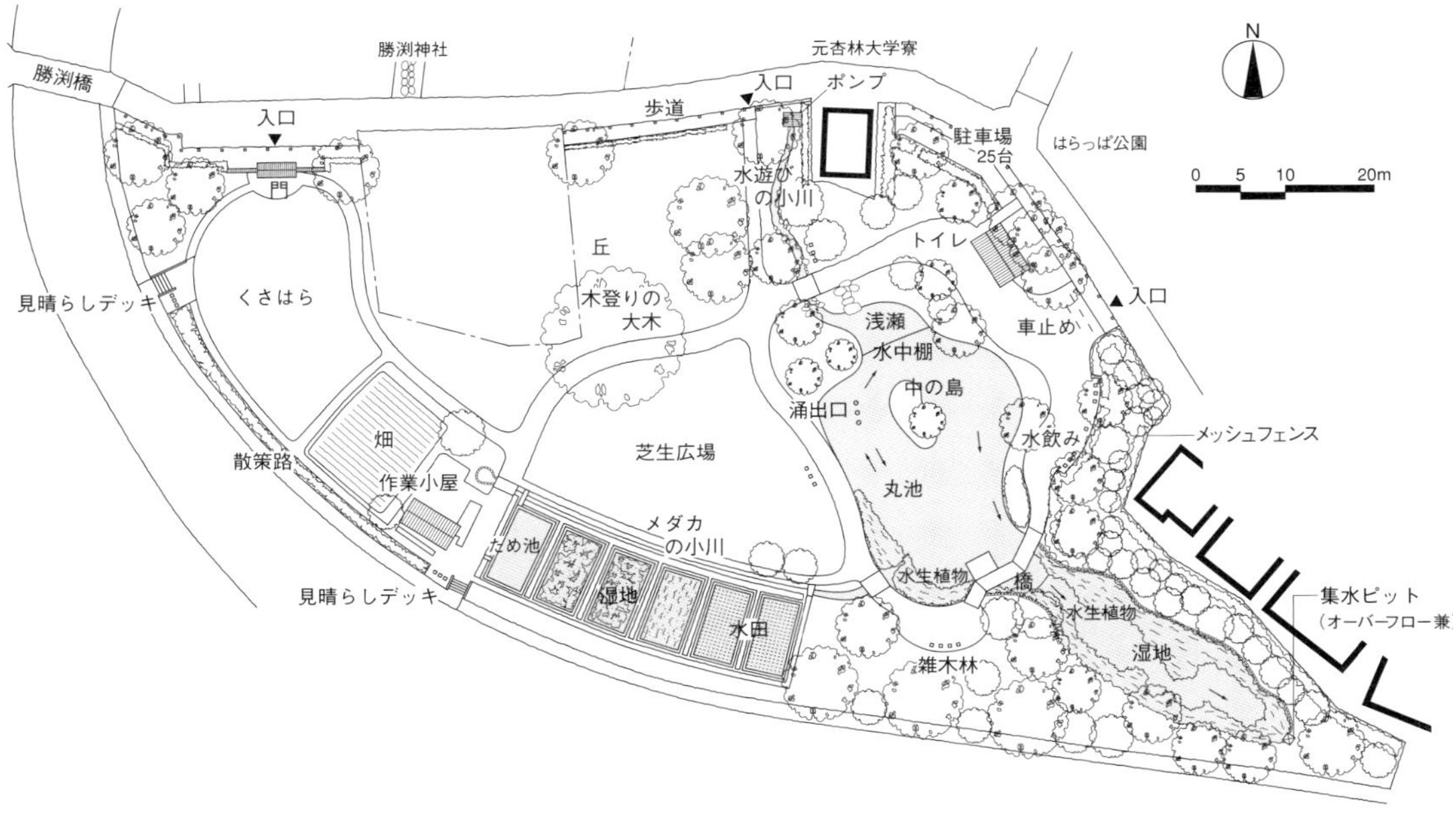

プロセスデザインの特徴を読みとる

■計画敷地の情報を重視したプログラム構成

実質的にワークショップ形式の話し合いがおこなわれた六回のワークショップのうち四回のワークショップで、計画敷地に出向いておこなう次のような体験共有プログラムを実施しています。これは「丸池復活プランづくりワークショップ」の大きな特徴と言えます。

第一回ワークショップ

ステップ2　「私の丸池体験」をみんなで聞こう

ステップ3　丸池、仙川流域オリエンテーリング

第二回ワークショップ

ステップ7　丸池公園の計画敷地探検ツアー

ステップ8　丸池の大きさを考えよう

第三回ワークショップ

ステップ3　敷地を五感で読みとろう

第六回ワークショップ

ステップ2　現地で計画案を体験しながら確認しよう

ステップ3　第一期工事の検討事項を話し合おう

実際に参加者が計画敷地に立って体験を共有化するプログラムは、大勢が参加するワー

クショップで合意形成を図る際に特に有効なプログラムです。

第二回ワークショップで、参加者すべてが輪になって池の大きさを検討するプログラムを実施した際に、公園の計画自体に反対を表明していた隣接する住民の方は、拒否することなく輪の中に入り、自宅から池がどれだけ離れていれば納得できるかの意志を参加者全員の前で示したのです。他の参加者は、その反対住民の意思を尊重し、池の位置について暗黙のうちに同意したのです。

第六回ワークショップでは、やはり隣接する住民が、住宅の南側にプライバシーを守り、防犯上の配慮から二メートルの高さのネットフェンスを立てることを他の参加者に説明する場面が見受けられました。公園建設自体に反対の住民も、多くの地域住民の願いを実現するために自分の納得できる計画内容を提案し、他の参加者は隣接住民の立場に立ち、最大限の配慮を盛り込む計画案を追求していくことができたのです。こうした相互の信頼関係が、最終的な合意を成立させるための基本的な条件であることを教えられました。地域の合意形成とは、実際のところこのような受容的合意形成プロセスの積み重ねであるように思います。

■さまざまな参加者のコミュニケーションを誘発するプログラム構成

「丸池の里」が計画されている地区（新川中原地区）には、ワークショップを始める以前から自治会とコミュニティセンターを運営する住民協議会を中心に、密度の濃いコミュニケーションの場が形成されていました。ワークショップのプロセスデザインをおこなう場合、最初に対象地区のコミュニティが必要としている「まちづくりコミュニケーション」の課題を知ることが重要です。各回のワークショップを構成するプログラムを、これらの課題を解決するために用意することによって、創造的なまちづくりワークショップが実現できることになります。

地元の運営委員会の方とワークショップの打ち合わせを進めていく過程で、「丸池復活プランづくりワークショップ」に求められているまちづくりコミュニケーションの場が次第に見えてきました。具体的には、地域に新たに四つの「まちづくりコミュニケーション」

の場をつくり出すことを考えたのです。その四つのコミュニケーションの場とは、次のようなものです。

一、新・旧（もともとの地主層）の住民間のコミュニケーション

二、子供（小学生）と大人の世代間のコミュニケーション

三、敷地隣接住民（計画反対の立場）と丸池の復活を望んでいる住民とのコミュニケーション

四、地区外市民（専門家）と地域住民とのコミュニケーション

それでは四つのコミュニケーションのために考えたプログラムについて順番に見ていきましょう。

新・旧の住民間のコミュニケーション

ここでは、前半に昔の丸池の記憶を持つ住民から情報を提供してもらい、思いを理解するプログラムを用意し、後半に池の管理や安全に対して心配している新住民と、池やせせらぎのイメージと池や水田の運営管理に関し

	丸池復活プランづくりワークショップ					
	第1回	第2回	第3回	第4回	第5回	第6回
■情報共有コミュニケーション—まずは共通の土俵をつくる						
全体の場で情報を伝える	❶❺	❶❷	❶❷	❶❷	❶❷	❶❷
参加者の持っている情報を出し合う	❷❻❽		❹❻		❸	⑤
■体験共有コミュニケーション—「百聞は一見にしかず」の精神で						
現場を体験する	❸	❼	❸			
現場で確かめる		⑧				❷❸
■意見表出コミュニケーション—考えられることはすべて出してみる						
自分の希望や思いを書き出す	❾		❿		❸❹	❹
意見のまとめ方を工夫する	❹					
実現した場合をシミュレーションする						❷
■創造表現コミュニケーション—創造し表現する楽しさを味わう						
詩歌や演劇で希望を表現する	⑦	❹❺				
計画案やルールづくりをする			⑦			
発表方法を工夫する			❽	❻		
■意見集約プログラム—全体と個の関係づけを工夫する						
意見を調整してまとめる		⑧	⑦	❸❹❻	❸	❸
提案を検討し修正・評価する					⑤	⑤
専門家の意見を織り込む	⑦❾	❸❼❾	⑦❾	❼	❻	❻
論点を絞り課題を投げかける		⑦	❸❹❻	❸❹		
■その他コミュニケーション—場の変化をとらえて記録する						
感想カードに残された意識の変化		❿				

各回のワークショップにおける主要なプログラムの役割

黒丸、白丸の番号は、プログラムのステップ番号。
白丸の番号は節目となったプログラム。

て話し合うプログラムを用意しました。

子供（小学生）と大人の世代間のコミュニケーション

自然を大切にした水辺環境を求める大人と、いろいろな遊びの可能性を期待する子供たちが、仙川の水質調査に始まり、池とせせらぎの使い方（つり、遊泳、動植物観察等）をテーマに話し合いました。

「仙川の水を調べよう」は、実際に池にたまる水の水質を事前に参加者自らが測定することによって、子供たちの水遊びに対する可能性を大人たちに認識してもらうことを目的としたプログラムでした。デザイン・ゲームでは、計画案を一緒につくることを通して、丸池の使い方をシミュレーションしながらイメージを共有していきました。最後に絞り込まれた問題についてじっくり話し合うという流れです。

敷地隣接住民（計画反対の立場）とのコミュニケーション

池の復活に反対する隣接住民と丸池復活を強く望む周辺住民が、隣接する住宅に配慮し

四つのコミュニケーションの課題とプログラム構成

1 新・旧（もともとの地主層）の住民間のコミュニケーション		
第１回ワークショップ	ステップ❷	「私の丸池体験」をみんなで聞こう
第４回ワークショップ	ステップ❹	池とせせらぎの大検討会
第５回ワークショップ	ステップ❺	全体で話し合おう（パート１）
2 子供（小学生）と大人の世代間のコミュニケーション		
第１回ワークショップ	ステップ❼	仙川の水を調べよう
第３回ワークショップ	ステップ❼	丸池公園の計画デザイン・ゲーム
第４回ワークショップ	ステップ❹	池とせせらぎの大検討会
3 敷地隣接住民（計画反対の立場）とのコミュニケーション		
第２回ワークショップ	ステップ❽	丸池の大きさを考えよう
第４回ワークショップ	ステップ❻	何でもポストイット検討会
第６回ワークショップ	ステップ❸	第一期工事の検討事項を話し合おう
	ステップ❺	全体で話し合おう（パート２）
4 地区外市民（専門家）と地域住民とのコミュニケーション		
第３回ワークショップ	ステップ❼	丸池公園の計画デザインゲーム
第４回ワークショップ	ステップ❻	何でもポストイット検討会
第５回ワークショップ	ステップ❺	全体で話し合おう（パート１）

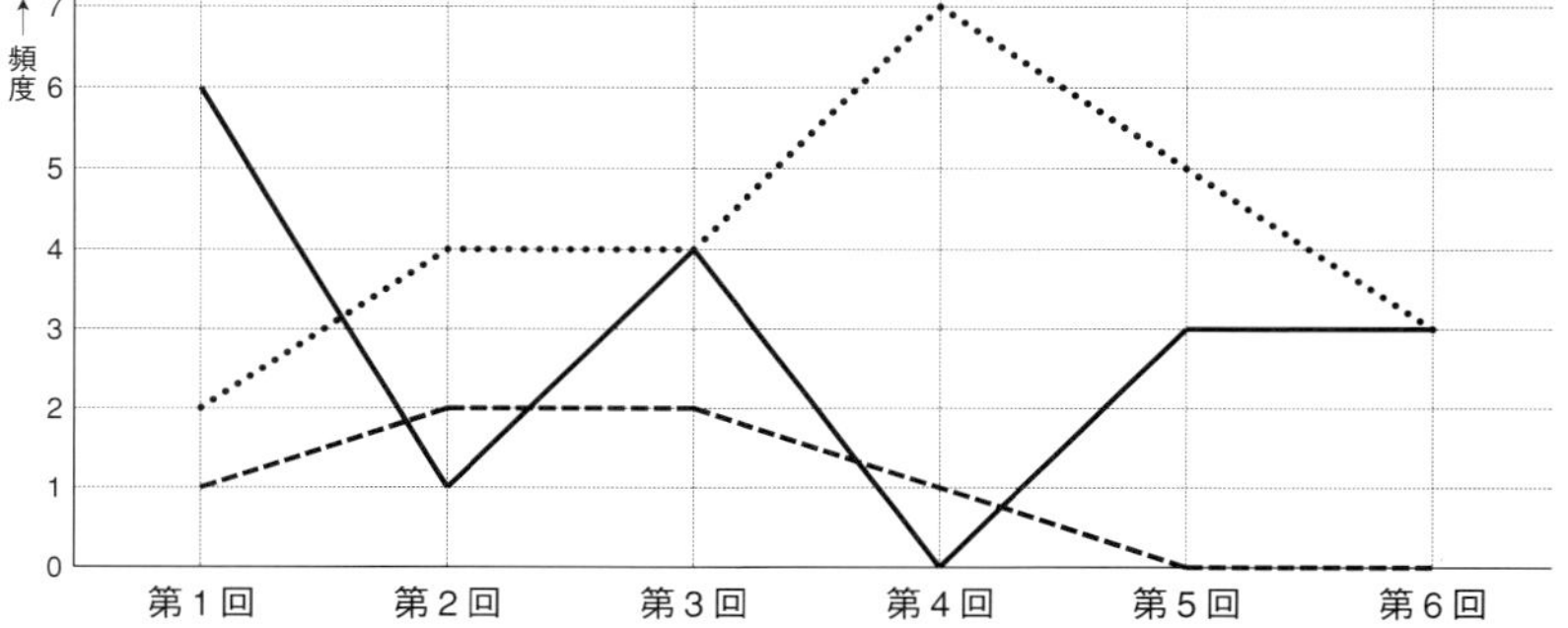

ワークショップのプロセス分析グラフ

プログラムの内容上、意見表出プログラムの中に、「情報を共有する」、「現場を体験する」の回数を含めてグラフとした。
第１回、第２回、第３回、第６回は、計画敷地でプログラムを実施したワークショップ。

ながら池の位置を検討し、プライバシーの確保をめぐって水生植物園の利用方法をテーマに話し合いました。第六回の「全体で話し合おう（パート2）」では、隣接住民の住宅の目の前に計画することになった水生植物園の計画について話し合いが展開されました。

水生植物園は、自然を大切にする意味とプライバシーの確保という点から、人が入らないゾーンとして設定されていましたが、その部分に柵をつくって人が入れないようにしてほしいという隣接住民の要望は、全体の話し合いのなかで理解が得られず認められませんでした。一方で水生植物園も少しは観察できるようにしたいというある参加者の要望は、隣接住民を配慮する他の参加者によって退けられたのです。最後に、子供たちはこうしたゾーンに入り込んでいくかもしれないという会場からの指摘に対して、「小学生は、仕方がないね」という隣接住民自身の発言によって、会場全体が何かホッとした雰囲気に包まれ、計画案が合意されたとみんなが感じることができたのです。

こうしたコミュニケーションの場の積み重ねによって、次第に参加者の関係性が構造化していくことが実感できた貴重な体験だったと言えます。

地区外市民（専門家）と地域住民とのコミュニケーション

地域外のランドスケープやガーデニングの専門家と、農業経験のある地域住民が、自然環境のつくり方や水田などの管理問題について、お互いの経験を交換し、解決策を考える話し合いがおこなわれました。

地域外の参加者の多くは、無農薬の水田の維持はとても管理が大変であるということを心配していました。地元の参加者の中には、農業経験者が何人かいましたが、彼らは水田を一部つくりたいと考えていたにもかかわらず、そのことを言葉に出して言うことを最後まで控えていました。公園の運営管理をより多くの人と共有すべきと考えていたのです。彼らにとって、わずかの水田の管理を自分たちですることはたやすいことであるにもかかわらず、みんなで解決しようという声が上がることを期待して待っていたのです。運営問題をあえて議論すべきとする、地元住民の姿勢に感心させられたことを覚えています。

「うまく企画されたワークショップでは、大小さまざまな大きさのグループ作業が組み込まれ、討議と体験、論理と感性、秩序と混沌《こんとん》、集中と弛緩《しかん》など、さまざまなレベルや方法によって、多彩なコミュニケーションが誘発されるように工夫されている」と言われます。✦4

住民間の新たな関係性を生み出し、コミュニティを育むことを目的とした一連のワークショッププログラム全体の流れをうまくデザインすることが、プロセスデザイン上の重要な課題になります。

■合意形成の節目をつくり出すプログラムの工夫

一連のワークショップのプロセスには、参加者集団の意識を次の段階へと進める節目となるような効果的なプログラムが適切な時期に用意されなければなりません。今回のプロセスのなかで節目となったプログラムを振り返ってみましょう。

第一回ワークショップ

ステップ7　「仙川の水を調べよう」

このプログラムによって全員で水質検査をすることで、子供も大人も一緒になって計画案を考えていくという参加意識を持つことができました。その意図するところは先に述べたとおりです。

第二回ワークショップ

ステップ8　「丸池の大きさを考えよう」

現場で池の大きさを体験的に確認することによって、参加者の中に想い描かれていた池の大きさを具体的に共有化することができました。誰が指示するでもなく、全体でそれぞれの意思を表現しつつ、信頼と尊重の関係のなかでイメージが共有されたことは、感動的な興味深い体験でした。プログラムの質とは、まさにアイデアの有無にかかっていることを実感した事例だと言えます。

第三回ワークショップ

ステップ7　「丸池公園の計画デザインゲーム」

池とせせらぎを中心とする公園の利用イメージを模型で表現することで、参加者の思いが具体性を持ち始め、運営委員は自主的に管理問題に思いを巡らすことになりました。こ

✦4
『新時代の都市計画2　市民社会とまちづくり』（ぎょうせい）第9章「市民まちづくりの社会的コミュニケーションシステム」（浅海義治）参照

の後に自前の広報誌『丸池よみガエル』の編集会議が立ち上がることになります。これは、参加者集団の自己組織化の兆しと見ることができます。

賢明な参加者は、いつも先取りしてワークショップの進行内容を心配する傾向があります。落としどころが見えないと不安だと訴える行政に対して、まちづくりワークショップの企画検討の場をコアとなる住民と一緒に持つことは、行政の側に地域に対する信頼感を持ってもらうよい機会にもなります。

第五回ワークショップ

ステップ5　「全体で話し合おう（パート1）」

水田をつくる提案に対して、維持管理の面から突っ込んだ話し合いがなされました。農業経験者の意思が明確に出され、公園計画の方向性と維持管理に対する住民の考え方に関する合意が形成されたのです。

この第五回ワークショップになって、初めて農業経験のある地元住民が口を開きました。自分たちの思いが共有できることを感じることができたからでしょう。こうした共有体験こそが、参加者の関係性が質的に変化する節目なのだと思います。

第六回ワークショップ

ステップ5　「全体で話し合おう（パート2）」

隣接住民と水生植物園の計画を巡って議論があった後、計画案に対する最終的な合意が図られました。詳細な経緯は先に述べたとおりです。

こうして一連のプログラムの構成を振り返ってみると、ワークショップのプロセスの前半に実施するプログラムとしては、体験的な内容のものや計画づくりなど共同作業が伴うものが有効であり、後半になるに従って、参加者同士が立場の違いを明確にして、じっくりと話し合いをするような調整型プログラムが求められていることがわかります。その節目節目に小さなドラマが生まれ、生き生きとした質に満たされたワークショップの場が形成されるのです。

第4章

「まちづくりワークショップ」Q&A

前章まで一連のワークショッププログラムとその組み合わせのコツについて話をしてきましたが、実際にまちづくりワークショップを実施するとなると、参加者の呼びかけから会場の設営、進行の方法など、さまざまなことがわからなくて心配だという声が聞こえてきそうです。そこで最後に、私たちがこれまでに「まちづくりワークショップ」について話をした数百人の方から受けた疑問について、Q&Aのかたちに整理したものを紹介しましょう。これらの質問は主に行政職員の方からのもので、現在の行政のワークショップに対する認識を反映していると見ることもできます。現状では「まちづくりワークショップ」の実施と成果は、行政担当者にどれだけやる気があるかにかかっていますが、将来的にはこうした「まちづくりワークショップ」を住民の側からも実施提案できるように、何らかの制度的なよりどころができるとよいと、私たちは考えています。

参加の枠組みについて

まちづくりワークショップにおける参加者をめぐる問題は、主催者にとって最初にぶつかる最も重要な問題です。まちづくりワークショップの目的やテーマによって異なることは当然ですが、共通して言えることもいくつかあります。

Q 参加者の構成、人数はどの程度が適当ですか?

基本的に、「まちづくりワークショップ」の場は、すべての人に対して開かれていなくてはなりません。参加者を委員として固定しようとする考え方がありますが、次のような不都合が発生します。

一、出席者が次第に減っていく
二、ワークショップの検討内容が住民全体の意見として信用されにくい
三、参加者の多様性が確保されにくい

直接の当事者、自治会役員など、必ず参加してほしい方に出席してもらう工夫はもちろん必要ですが、そのほかに関心の高い市民の参加は、ワークショップを創造的にし、議論の質を高めるために必要不可欠です。参加自体をオープンなものにすれば、参加者の何割かは毎回入れ替わることになります。論議の継続性を考慮しても、全体の三分の一程度が毎回出席する人、三分の一程度が時々出席する人、残りの三分の一程度が新しい人という構成で、およそ二分の一の参加者が前回のことを知っているというような状態であれば問題はありません。

参加を自由にすると、確かに参加人数は正確に把握することができませんが、席や資料が不足するような事態は避けなければなりません。グループ形式で進める場合、一つのグループの参加者をむやみに増やすよりは、一グループを最大八人程度とし、グループ数を増やして対処するとよいと思います。参加人数は、二〇名以上六〇名程度までが適当な人数です。それ以上になる場合は、プログラムの構成に特別な工夫が必要になります。

Q 参加者の構成に偏《かたよ》りがある場合、どうしたらよいですか?

参加者の偏りにもさまざまな内容が考えられます。ある問題について賛成と反対の立場が明確に分かれているような場合で、どちらか一方の立場に参加者が偏っているときは、「まちづくりワークショップ」の話し合いの結果が全体の総意として認められなくなる可能性が強いので、できる限り両方の立場の人が参加するように努力する必要があります。

参加者が男性ばかりに偏ってしまったり、高齢者ばかりに偏ってしまうことは、テーマによってしばしば起きることです。こうした場合は発言内容の幅が狭くなる可能性があるので、ワークショップのプログラムに、参加していない人の立場に立って考えるロールプレイの手法などを取り入れたり、ワークショップとは別にヒアリングを実施するなどの工夫をこらしたいところです。

Q 参加者の中のキーパーソンの役割は何ですか？

多くの「まちづくりワークショップ」で、当初反対意見や行政への不満を述べたてていたような人が、最も劇的に変化することに驚くことがあります。正直に意見を出し、結果として自分自身を変えていくことができる参加者が、キーパーソンだと言えるのではないでしょうか。また「まちづくりワークショップ」の流れに、節目をつくり出すような人がキーパーソンであるとも言えます。いずれにしてもキーパーソンなしの変化の乏しい「まちづくりワークショップ」に終わってしまわないように、参加者の個性に幅が出るよう努力したいものです。

Q ワークショップではグループで話し合いを進めることが多いようですが、グループ分けの方法は？

グループ分けを自由にすると、普段からよく知っている人同士が固まって座ってしまうことが多いので、注意が必要です。普段あまり話したことがないような人同士が情報交換することも「まちづくりワークショップ」の満足感につながる重要な要素だからです。立場の違い、年代の違い、男女の違いなど、とにかく多様な人が一緒のグループになることを原則に考え、できるだけ混ざり合い、しかも毎回違う人とグループになるように工夫しましょう。

Q 参加者に常に関心を持ってもらうにはどうすればよいでしょう？

「まちづくりワークショップ」の記録の作成と配布は、参加しなかった人への対応という点からも最も基本的な作業です。「まちづくりワークショップ」に関心を持ってもらうためには、まず住民に情報が届いていなければなりません。次に、その情報が参加者にとって本当に必要なものでなければなりません。さらに、ワークショップの結果を行政が真摯《しんし》に受け止め、何らかの返事が住民に対して返されなければなりません。

参加者は自分自身の利害に関わることしか興味がないと言われることがしばしばありますが、むしろ問題は情報の出し惜しみと問題の全体像を見えにくくしている行政の側に原因があると思われてなりません。

Q 参加者を集めるコツはありますか？

参加者に知らせる方法にはいくつかの手段があります。まず第一に、参加してもらうことが期待できなくとも、広く多くの人に情報が届いていることが重要です。次に自治会の役員や地主さん、近隣の直接利害関係者など正式に参加をお願いしておいたほうがよい人に対する参加依頼は、どのような方法で誰を通して声をかけたらよいか、検討する必要があります。最後に実質的に参加してほしい人に対しては、さまざまな地域のネットワークを駆使し、徹底的な口コミによって知らせることが基本です。行政の広報に頼るしかないような主催者の態度では、決して参加者を集めることはできません。

ファシリテーターについて

「まちづくりワークショップ」のファシリテーターの資質や役割は、意外に誤解されていることが多いようです。「まちづくりワークショップ」を進行する技術は、ファシリテーターの能力に大きくかかっています。「まちづくりワークショップ」のプロセスデザインとプログラムデザインの全体に対して、強い発言権がファシリテーターになければ、その役割を達成することはできません。

Q ワークショップの推進役、まとめ役には誰が適していますか？

「まちづくりワークショップ」の推進役は、ファシリテーターの役割です。このファシリテーターには、従来の会議の司会者とは異なる役割が期待されています。ファシリテーターは、出席者の意見を引き出し、会議が空転しないように会議の準備や進行をしますが、これは会議の結論をリードすることではありません。

会議の意見をまとめるプロセスのなかで、参加者が理解しやすいように専門的な課題を解釈したり、意味づけしたりする役割は、第三者的な立場の専門家が適している場合もあります。参加者は意外に話し合っていることの重要性や自分たちのやっていることに対する外からの見方に気付いていない場合も多いからです。

いろいろなことを決定していく段階になると、玉虫色の解釈で事態を収拾するよりは、決定や実施に直接関与する責任ある立場から主催者がある程度判断を示したほうがよい場面もあります。ワークショップで意見がまとまらないことをおそれるあまり、後でどちらにも解釈できるような曖昧《あいまい》な結論に終わらせることが、かえって参加者に不信感を抱かせることはよくあることです。それぞれの立場の参加者の役割を臨機応変に組み合わせていくこともファシリテーターの役割です。

Q ファシリテーターに求められる資質とはどのようなものですか？

ファシリテーターは、行政からも住民からもある種の距離感を保つことが必要です。この距離感が、住民のさまざまな立場を超えて一定の信頼関係を築く前提となっているのです。また住民との間の信頼関係を築くには、行政に対する態度が問われることにもなります。単に行政に批判的であるということではなく、住民にとって本当に必要な情報を行政から引き出しているという正直な態度が住民に伝わること、このことこそが信頼関係の大前提になります。

「まちづくりワークショップ」の初期の段階では、行政の回し者というような受け取られ方をする場合も少なくありません。こうした思い込みは、いくら説明しても納得してもらえない問題です。実際にワークショップの場で、そうではないということを徐々に理解してもらう以外に方法はないのです。真摯《しんし》な態度で臨めば、通常三回目ぐらいになると、こうした誤解が取り払われ、ファシリテーターの役割を理解してもらえるようになることが多いようです。

さらにファシリテーターに求められることは、バランス感覚です。通常ファシリテーターは参加者の意見を聞くことに集中しています。あくまでも関心は自分の意見ではなく、参加者の意見なのです。

議論を盛り上げるための話術も否定しませんが、これは問題の本質ではありません。議論が盛り上がるかどうかは、参加者の関心のある問題が取り上げられているかどうかにあると考えるべきです。

行政として触れてほしくない問題をことごとくテーマからはずしてほしいという担当者がまれにいますが、まったくこうした点を理解していないと言わざるを得ません。予算の問題にしても、維持管理の問題にしても、計画変更の問題にしても、参加者が本当に気にしている問題を取り上げれば、議論は自ずと盛り上がることは当然です。

「まちづくりワークショップ」の進め方

「まちづくりワークショップ」の主催者は、行政であることが多いのが現状です。そのため単年度予算や行政システム内部の庁内調整など、「まちづくりワークショップ」を進めるにあたって、解決しなければならない日本ならではの問題があります。

Q 「まちづくりワークショップ」の一回の時間と適当な開催時間帯は？

話し合いのプログラムが中心の「まちづくりワークショップ」の場合は、開催時間としては二時間半から三時間程度が適当な長さです。二時間では自己紹介やグループ発表の時間を考えると少し短く、三時間以上になると集中力が続かなくなるということと、時間帯として午後しか設定しにくいという制約が出てきます。

開催時間帯は、開催地域やテーマに配慮して設定しなければならない重要な問題です。地方都市や主婦層を主な対象とした場合などは、午前中の開催のほうが出席しやすいという場合もあります。地域の幅広い方に参加してもらうためには、週末や休日の午後一時半から四時半という時間帯が最も一般的だと思います。

平日の場合は夜の開催も考えられますが、子供たちや女性が参加しにくくなります。また午前中と夜の場合は開催時間の関係で三時間を確保することが難しくなります。

Q 一連の「まちづくりワークショップ」をおこなうのに適当な期間と回数は？

一連のワークショップを行政の事業として実施する場合は、単年度ごとで区切られることになります。発注されて報告書をまとめる期間を考えると、通常四カ月から六カ月ぐらいの期間に一連のワークショップを実施することになります。

「まちづくりワークショップ」の流れをつくり上げるためには、ワークショップで計画するものの規模に関係なく、最低四回はワークショップを実施したいところです。十分に話し合う時間を確保するためには六回から八回程度実施することが望まれます。

ワークショップとワークショップの間隔については、記録をまとめ、「ニュース」を編集し、次回の打ち合わせと準備をするのに最低二週間はほしいところです。通常は余裕を持って一カ月に一回程度という場合が一般的です。これ以上の間隔をあけると、参加者が前回のことを忘れてしまい、気持ちの盛り上がりがとぎれるおそれがあります。

Q 「まちづくりワークショップ」のシナリオは誰が考えるのですか？

「まちづくりワークショップ」を行政が実施する場合、その目標とプロセス全体を計画するのは行政の役割です。目標に至る流れを具体的に構成する作業は、ファシリテーターと行政担当者がディスカッションして進めることが現実的だと思います。一回一回の「まちづくりワークショップ」のプログラムの詳細については、ファシリテーターを中心とした作業になります。

情報の提供について

情報の提供、情報の公開は、「まちづくりワークショップ」の最初の段階の最も重要な課題です。ファシリテーターの真価が問われる最初の部分です。ここで妥協してはファシリテーターの役割を十分に果たすことはできません。

Q 説明時に耳障《みみざわ》りなことも地元住民への情報として本当に必要なのでしょうか？

行政が住民に伝えたくないと判断する情報には、次のようないくつかのパターンがあります。

その一、住民があきれかえり、怒ってしまうようなお粗末な内容のもの

その二、予算やアセスメントの資料など手の内を明かすことになるようなもの

その三、特例的に結んだ協定など前例になってほしくないような内容のもの

その四、規制条件や補償内容など不利益になると住民が不安に思っている内容のもの

その五、寝た子を起こすような余分な問題を引き起こすおそれのある内容のもの

これらすべてを情報公開していく姿勢がなければ、住民と行政の信頼関係は生まれないでしょう。

Q 制約条件を述べることで、参加者がやる気をなくすことがありませんか？

この問いには参加者に対する基本的な認識の誤りがあります。多くの参加者は行政と真剣に向き合いたいのであって、難しいとか可能性が少ないからやる気がなくなるのではありません。こうした参加者に対する誤った認識が、参加者のやる気をそいでいることに主催者は気付くべきです。

Q 情報を提供するといっても個人情報の提供には制約があるのでは？

ワークショップの場では直接のコミュニケ

ーションが基本となっているために、個人情報が問題になることはほとんどありません。「まちづくりワークショップ」では、みんなの前で言えることを議論します。そのことを本音の議論ではないと批判する向きもありますが、みんなが聞いている前で言えないようなことは、行政の側でも受け入れられないことが多いはずです。

反対に行政の逃げ道の一つとして、個人情報の保護という理由が使われることがしばしばあります。例えば行政だけが知っていることを前提に、「名前は言えませんが、こんなことを言っている人もいるんです」といった類《たぐい》の伝えられ方です。しかし、こうした情報は、少なくとも問題を創造的な解決に導く情報提供のやり方でないことは明らかです。

Q 前提となる制約条件をどのように、いつの段階で提示すればよいでしょうか？

前提となる制約条件は、できる限り早い段階で提示すべきです。制約条件といってもまったく検討の余地のないもの、条件によっては多少の変更の余地のあるもの、住民の対応によっては変更の可能性のあるもの、ワークショップで決定できるものというように、制約条件のニュアンスの違いを正確に伝えることが重要です。

行政内部の調整が面倒なので無理だというような判断に対して、ファシリテーターは真剣に行政に立ち向かい、できる限り正確な条件を引き出す必要があります。その上で参加者に対して正直にその条件を説明できるかどうかが問われることになります。ファシリテーターと参加者の信頼関係を築いていくには、最初のこの段階の条件整理が大切です。

合意形成について

まちづくりにおいて地域の合意を簡単につくり出せるなどと思っている人は誰もいないと思います。「合意形成」という言葉がうさんくさく感じられるのはそのせいでしょう。行政の立場で考えた時、いつも欠けてしまうのは時間の概念だと思います。地域住民の抱えている課題は、長期間にわたって影響があり、その後にしか判断できないことが多いものです。「合意形成」には、とりあえずやってみるとか、やりながら考えるというような発想も必要ではないでしょうか。

Q 「まちづくりワークショップ」で可能な合意形成の地域的な広がりはどの程度だと思いますか？

総合計画づくりや条例づくりなどのように行政区域全体に関わる課題や、道路や河川など利害関係者が広域にわたる場合、ワークショップの参加者を公募によって募ることが一般的です。課題の実質的な検討は、ワークショップの場でおこなうことが可能ですが、問題は「まちづくりワークショップ」で得た結果をより広く市民に伝え、市民全体でオーソライズすることができるかどうかという点にあります。これは「まちづくりワークショップ」の位置づけと全体のプロセスデザインの課題です。

最近では、市町村合併などの課題にもワークショップ形式の話し合いが取り入れられる傾向にあり、対象者の範囲がより広い広域的な場合にも「まちづくりワークショップ」が実施されるようになってきています。

Q 反対者に対する対応はどうしたらいいでしょう？

反対者には二つのタイプがあります。まったく個人的に利害関係上から反対している場合と組織的に反対活動をしているような反対者の場合です。

個人的な反対者への対応は、丁寧《ていねい》に意見を

聞く機会を十分持つということが原則です。反対者の意見の中に重要な指摘がある場合が多いからです。

組織的な反対がある場合は、反対であっても同じテーブルについて議論をするという態度が反対者の側になければワークショップそのものの実施が困難になります。

反対の意見を持っている人を説得するのではなく、お互いの立場を理解しつつ受容する立場に立てるかどうかがポイントです。受容の前提は基本的には信頼関係です。信頼関係のないところでは、こうした立場を超えた受容という合意のプロセスは期待できません。

Q 住民の意見が対立する複数のグループに分かれた場合、どう対処すればいいでしょうか？

参加者のテーブル配置を考える場合、自由にすると賛成のグループと反対のグループに分かれてしまう可能性があります。グループの中に賛成意見の人と反対意見の人が一緒になるように工夫したいものです。異なる意見が対立して感情的になる場合、その多くの原因はコミュニケーション不足にあると考えられます。直接意見交換できる場をできる限り増やすようにすることが必要です。

ワークショップの最初の段階では、参加者の中にいろいろな意見があることを参加者自身が理解できるようにすることに、力を注ぐべきです。そして折り返し地点を過ぎた段階からは、参加者の多くの意見がどこにあるかを判断できるようにするプログラムが求められます。

Q 参加者の間にわだかまりができることはないのでしょうか？

この種の問題については、行政が心配する以上に住民同士のほうが慎重です。わだかまりができていやな思いをするのは、住民自身であることを、住民はよく知っているからです。

むしろ変に気を使って誰の発言かを隠すようなやり方は、貴重なコミュニケーションの機会を逃すことになり、わだかまりを残す結果となります。誹謗中傷《ひぼうちゅうしょう》の類は論外ですが、基本的に地域の問題は地域で解決するしかないのであり、問題が生じることよりも問題が表面化しないように隠蔽《いんぺい》することのほうが罪が大きいと考えるべきです。

Q ワークショップで出た意見をすべて盛り込むべきなのでしょうか？

原則的にはすべて取り入れるという態度で臨むべきです。ただし、出た意見をすべてといってもどのように意見を出してもらうのか、どのように議論を重ねてワークショップでまとめた意見とするのかがポイントです。「まちづくりワークショップ」では、通常のアンケートとはまったく異なる意見が出るということを理解してほしいと思います。つまり「まちづくりワークショップ」の場では、参加者はいろんな立場の人のことを考えた上で意見を出し、自己調整していくことが求められているからです。自己調整を図った上での意見は、原則としてすべて尊重されなければならないと思います。

ワークショップの最後に「みなさんの意見を参考にさせていただきます」という行政側の挨拶は最悪です。この言葉を聞いたとたん、参加者は何のために話し合ってきたのかという思いにとらわれ、行政に対して怒りすら覚えることになるのです。

Q 少数意見の扱い方をどうすればいいでしょうか？

少数意見の中に多くの人が見落としている重要な指摘が必ずあります。全体の議論の場では、少数意見を中心にみんなで耳を傾けるという姿勢を大切にすべきです。双方が納得できる第三の立場は、こうした姿勢の議論の中から生まれてくるものだからです。ファシリテーターが無理に意見をまとめようとするのではなく、参加者の側が自ら合意する内容を生み出すまで待つ気持ちを持つべきです。

Q 「まちづくりワークショップ」に参加している住民は対象住民の一部の人たちです。ワークショップの合意が地域全体の意見をどの程度反映しているのか、どのように確認すればいいのでしょう？

外から見て合意の度合いを客観的に確認することは、現在のところ困難であると言わざるを得ません。しかし、参加している住民は肌で合意の度合いを感じ取っています。話し合いが足りないと言って、まちづくりワークショップの時間や開催回数を心配していた参

加者が、ある段階でいっせいにもう十分議論は尽くしたと発言を変える瞬間に何度か遭遇したことがあります。ファシリテーターとして、「まちづくりワークショップ」の現場から参加者の意識の変化を感じ取っていくしかないと思います。

Q 何人ぐらいの参加者が集まれば、「地域の声」と言えるのでしょうか?

「まちづくりワークショップ」の効果について統計的な検証がなされているわけではありませんが、経験的には三〇人以上の参加者がいると、そのコミュニティの中から一通りの役割を果たしてくれる人材が揃うように感じています。いわゆる「役者が揃った」という状態です。参加者の募り方によっては、三〇人以上参加していても役者が揃わない場合があることも事実ですが、こうした場合は参加者をもう少し増やす努力が必要です。

要は参加人数だけでなく、どんな人がワークショップの場を構成しているかが重要なのです。その上で経験的に言うと、五〇人程度の参加があれば、ほぼ主要な議論は出尽くすように思います。

Q ワークショップの参加者に既得権のようなものが発生しませんか?

この質問にはワークショップの現場に対する基本的な誤解があります。「まちづくりワークショップ」の参加者は、絶えず自分だけのことではなく、自分以外の人と向かい合い、さらにその場にいない住民にまで思いを巡らせて議論することになります。一連のワークショップを進めていく中のある段階で、「こんな重要なことを私たちだけで決めてしまうことはできない」、「参加していない人の意見をどうするのか」といった意見が、必ず参加者から出されます。こうして参加者は自己責任に目覚め、次の行動に赴《おもむ》くことになるのです。自己責任の意識と既得権を一緒にすべきではありません。

Q いったんワークショップで合意形成されたものが、後日蒸し返されることはありませんか?

この問いもワークショップ参加者の構成に大きく関係している問題です。参加者は、そこで話し合われたことが地域で蒸し返されないためには、地域の誰がワークショップに参加していなければならないかを知っています。そうしたキーパーソンにはぜひ参加してもらえるように、行政と参加者の双方で努力する必要があります。

特に蒸し返される可能性があるのは、地域の実力者と称される人物や団体が直接ワークショップには参加せず、別の場で行政に自分の意見を伝えるというような場合です。もう一つの可能性は、「まちづくりワークショップ」の位置づけが曖昧で、ワークショップの上位機関に委員会や審議会があり、この構成員がワークショップの現場にまったく参加せず、議論の経緯や問題点を知らないような場合です。

どちらにしても決してよい結果を生まないので、「まちづくりワークショップ」の企画運営に責任を持つ担当者は、これらの問題の調整に最初の段階から配慮すべきです。

Q ワークショップで得た結論が、計画に対して「NO」だった場合、どうすればよいでしょう?

まず主催者は計画の前提条件と「まちづくりワークショップ」の目的を明確にして、ワークショップに臨む必要があります。次に参加者の構成が、例えば反対勢力によって占められ、極端に偏らないように参加を呼びかけることが重要です。

その上で十分話し合い、多くの人が計画に対して「NO」というような場合は、行政の側も民意がそこにはないという事実を真剣に受け止めるだけの覚悟が必要な場合もあることを認識すべきです。

Q 非建設的な意見ばかりが出た時はどうすればいいでしょうか?

非建設的な意見ばかりになるにはそれなりの理由があると考えるべきです。根深い行政不信が意識の底にあるような場合や、前向きな発言をする参加者がグループに適度に混じるだけの多様性がない場合、こうした事態が起きることが考えられます。こうした基本的な原因が解決されない場合、じっくりワークショップの回数を重ねていくなかで非建設的な意見を出し尽くした後の発言の変化に期待するしかありません。この問題に特効薬はないのです。

Q 「まちづくりワークショップ」による合意形成には時間がかかりすぎるのではないでしょうか？

時間がかかるのは多くの場合、庁内調整と呼ばれるプロセスだと思います。庁内調整に必要な期間と並行して「まちづくりワークショップ」を実施することができれば、十分に住民サイドの合意形成を図る時間を確保することは可能だと思います。住民同士の議論のために費やされた時間は、コミュニティにとって別の価値と意味を持っています。地域にとってワークショップに費やす時間は、単に庁内調整を待っている時間とは異なる意味を持った時間なのです。

Q 「まちづくりワークショップ」によって予算がオーバーした場合、どうするのでしょうか？

予算も前提条件の一つとして提示し、予算のコントロールを参加者にゆだねるべきです。予算配分は、参加者が真剣に議論できる興味深い検討課題です。予算がオーバーすることを心配する発想は、予算を参加者に対して公開しない姿勢と結びついています。

その他の問題

「まちづくりワークショップ」について話をすると、失敗事例を聞きたいという質問が必ず出ます。ワークショップができない理由を考える消極的な発想に思えてなりませんが、失敗することを心配すればキリがありません。要はやる気があるかどうかということだと思います。

Q 「まちづくりワークショップ」の失敗例にはどんなことがありますか？

まず何を失敗と見るかが問題です。その場では一見失敗のように見えても、その後の展開のなかで意味づけられることも多いからです。しかし明らかに失敗だとしか言えない事例も過去にありました。例えば、参加者の反発をおそれるあまり、参加の枠を限定しすぎて参加者そのものが集まらなかった事例、行政の担当者が移動になり趣旨が受け継がれず中断してしまった事例などです。

Q 市民参加にとって、縦割り行政はどのような問題がありますか？

縦割り行政は、参加のまちづくりの最大の障害の一つです。複合施設の計画のようにいくつかの部局にまたがるような場合は、庁内調整の会議がワークショップの場とは別におこなわれることになるため、担当者の市民参加に当てるべき時間が庁内の会議に取られてしまうという問題と、こうした決定が市民の目から離れたところでおこなわれるため不透明になりがちであるという問題もあります。

縦割り行政の問題は、計画をつくる部局と直接施設を維持管理する部局の連携のなさに象徴されます。計画段階で管理部門や管理を担当する外郭団体などの担当者に話し合いの場に入ってもらうことをお願いしても拒否される場合が多いのです。

行政内部で建設部門と管理部門の連携がどのようにされているか、市民から見えにくいことが大きな問題です。

Q 「まちづくりワークショップ」が行政による計画実行のためのアリバイづくりと受け止められないようにするにはどうしたらいいでしょうか？

基本的に「まちづくりワークショップ」を実施する側が本気かどうかにかかっています。特に問題なのはワークショップの終了の仕方です。議論する時間が不足していて、やりっ放しの印象を与えるような終わり方は、最も悪い終わり方です。「できること」と「できないこと」を明確にしていくことで、参加者の信頼を得、こうした疑惑を解消していくしか方法はないと思います。

Q 行政は「まちづくりワークショップ」をどの程度先導したらよいのでしょうか？

基本的に先導する必要はありません。一人の参加者として正直に自分の考えを出していくべきです。そうした対応を行政が見せていくことによって、ワークショップの参加者は行政というシステムの問題と、そこにいる血

の通う個人の違いに気付いていくようになります。行政職員と住民が一緒になって、行政システムが持つ根本的な問題とたたかうことを参加者は望んでいるのです。

Q 行政は「まちづくりワークショップ」の落としどころを持っていなくてもよいのでしょうか？

「落としどころ」はあってもなくてもよいと思います。要はやってみなければわからない。あるいは落ちるところにしか落ちないというのが現実です。「まちづくりワークショップ」の創造性を信じれば、意外な結論に発展することをおそれてはならないし、「落としどころ」を考えても結局のところ最も自然な成り行きに任すことが最善であるという悟りの境地のような態度が必要なのです。

Q 「まちづくりワークショップ」における専門家の役割は何ですか？

「まちづくりワークショップ」において、専門家は自らの専門的知識と技術にもとづいて複数の問題解決策を示すべきであり、それを決定するのはあくまでも市民である」と、ヘンリー・サノフは述べています。

自由な発想でいくつもの提案をするのは参加者である市民であり、それらの提案の前提を整理するのは専門家の役割です。専門家と市民が何回ものキャッチボールを繰り返し、次第に双方が協働してつくり上げたと言えるような結論に到達することが、理想のプロセスだと思います。

ワークショップのフォローアップ

「まちづくりワークショップ」を実施した後が、実は問題です。

住民参加を実施する意味の半分は、その後の維持管理などに関わりながら、地域が自立していくプロセスにあるのです。

Q ワークショップでできた人の集まりをその後も活かしていくのでしょうか？

それができれば理想的です。ワークショップの成果をそこまで広げて理解している行政担当者は、まだ非常に少ないのが現実です。ワークショップが本当に成功したかどうかの指標として、参加者の中に自立した組織が生まれたかどうかという視点を持つことは、とても重要なことだと思います。

Q 「まちづくりワークショップ」で施設をつくっても、それを使う人の意識にはかなり差があると思いますが？

住民参加の施設づくりは施設が完成すれば終わりというものではありません。使い方や運営上のトラブル、提案などについて幅広く話し合う場を住民自身で積み重ねていくことにつなげていく必要があります。「まちづくりワークショップ」で利用者が十分に話し合ってつくることができた施設は、その後も利用者自らが運営にあたるような組織が継続する場合が多いものです。この場合は、ワークショップに参加してきた人々が核になって、自ら話し合い、実践の場を積み上げていくことになっていきます。逆にいつまでも行政の手を離れない依存的な関係に住民がとどまっているとしたら、その場合は「まちづくりワークショップ」の本当の効果が表われていないと見るべきでしょう。

Q ワークショップによって完成した施設の評価はしないのですか？

完成後の評価を誰がどのような方法でおこなうのか、今後必要性の高まる課題だと思います。外部のファシリテーターや行政担当者は、限られた時間でしか地域あるいは参加者集団に関わることができません。地域に対して一〇年単位で関わっていくことができるまちづくりNPOのような存在が、地域を育てるという立場で関わりながら、施設を総合的に評価していくという方法が必要なのだと思います。

Q 「まちづくりワークショップ」でつくった施設でも定期的に見直していくことが必要ではないでしょうか？

行政は物理的にものをつくる予算は確保するが、その後の維持管理にはお金を用意しないという声をよく耳にします。「まちづくりワークショップ」による施設づくりの場合、試しにやってみるとか、使いながら考える部分を残しておいたほうが参加者の合意が得やすいという場合もあります。これからは施設完成後も定期的に見直し、手を入れ続けるような施設づくりのあり方が追求されるべきでしょう。

Q 維持管理を住民がおこなうようになった場合、管理上の瑕疵《かし》の最終責任は行政がとるのでしょうか？

責任の中身が何であるかが問題です。保険をかけたり、補修をしたり、近隣との調整の場を持ったり、行政のできることは当然やるべきです。

一方でワークショップを経て決定した住民の自主管理の内容が明確であれば、住民から行政に対する責任の追求の仕方も変わってきます。何から何まで行政に責任を問うという態度ではなく、住民の自己責任を前提に問題の解決を図ろうとする姿勢が表われてきます。その上で行政の責任とは何かを問う必要があると思います。

Q 施設の維持管理についてもワークショップで話し合っていくのでしょうか？どのように住民参加させるのですか？

維持管理の問題は、「まちづくりワークショップ」のプロセス後半で必ず話題になる重要な課題です。問題は維持管理に直接関わる担当者がワークショップの場に出ていないことが多いことです。この背景には役所内部の問題として、維持管理の部署と計画を立てる部署との連携がうまくとれていないケースが少なくないという現実があります。

住民の維持管理への関わり方としては、実際に完成してから実験的にやってみるというようなことを繰り返しながら徐々に維持管理にも関わっていくような対応が望ましいと思います。

あとがき

都市計画やまちづくりを役所や専門家まかせにせず、市民に開かれたものにしようという声は、一九七〇年代から徐々に高まってきました。八〇年代になると、コンペという方法でまちづくりを市民に開いていく試みがされるようになりました。誰もが提案できる開かれたまちづくりの時代が始まったという期待感を持って、日本全国の多くの建築家がこぞってコンペに参加しました。コンペは競技設計とも呼ばれ、多くの提案の中から審査員が一つの案を選んで実現する方法です。しかし、あるコンペに参加した際、全国の専門家が注目するコンペであっても、対象となる施設周辺に住む大部分の住民は、そのことを知らないという現実に、違和感を感じたことを覚えています。

全国の専門家が知恵を絞って、優れた提案が実現されるというビジョンはすばらしいことですが、地域の多くの人が関心を持って関わり、その施設の完成を喜び合えるということのほうに、より多くの魅力を感じたことが、私たちがまちづくりワークショップの道に入り込んでしまった分岐点であったように思います。

そして次に、まちづくりに住民が参加する時代がやってきました。一九九二年に、「せたがやまちづくりセンター」が活動を始め、まちづくりワークショップの手法が世田谷を拠点として全国に紹介されました。その後、一九九四年におこなわれた高知県香北町を皮切りに、北九州市、新潟県大潟村と三回に及ぶ「わくわくワークショップ全国交流会」が開催され、それらが大きな推進力となって、九〇年代にはまちづくりワークショップが全国に広がっていきました。各地で次々とわき起こるまちづくりへの住民参加の事例は、公共デザインが単に形の問題ではなく、もっと広い意味を持つことに気付いていく、デザインの意味を拡張していくプロセスであったと思います。

この時代、デザインは華々しい表層の問題として進化し、技術的な側面ではますます高度化していきましたが、その一方で、利用者自身がデザインに参加する施設づくりは、そのデザインに利用者と空間が相互に育《はぐく》み合うという時間の概念を加えたのです。空間づくりがそれを使う人々の関係づくりにプラスの影響を与えることができるという点に焦点を当てたことが、まちづくりワークショップの意味であったと思います。これはデザインの評価軸が増えたこととして理解すべきでしょう。

住民が積極的にまちづくりに参加していく「参加するまちづくり」は、現在、なぜ求められているのでしょうか？　美しい町並み、安心して暮らせる住環境、そして最大多数の市民に最大の利益をもたらす暮らし方を実現するために、住民参加が求められていると一般には理解されています。しかし本当にそのためなのでしょうか？　「参加するまちづくり」はあくまでも一つの方法であり、ほかの方法によってこれらのことがより効率的に達成されるのであれば、「参加するまちづくり」にこだわる必要はないという声が聞こえてきそうです。

一方で、福祉の分野から市民と行政が協働して新しい公共を担う時代が介護保険とともに始まりました。今や協働という言葉は、まちづくりにおいても重要なキーワードとなっています。行政に多くをゆだねるのではなく、市民の協働による社会を目指すのであれば、「参加するまちづくり」は、単なる一つの選択肢以上の意味を持っていると思います。

「参加するまちづくり」によってのみ実現することが可能な社会は、地域のことは地域で決めるという、いわゆる地域自治の実現ではないでしょうか。自らの責任によって選び取る暮らし方の自由、元気な市民協働社会の実現、個人をお互いに地域社会に開くことによって初めて得られる得（徳）のある世界、こうした価値を創造していく営みこそ、主体的にまちづくりに参加していくことで初めて得られる大きな魅力なのだと思います。

これまで私たちは、まちを守る能力も、まちを維持管理する機会も、まちの将来を語る場も、日本の経済社会が発展していく裏側で失い続けてきました。その結果、公共という概念は行政に独占され、まちのビジョンを地域で共有化するという当たり前のことが困難になってしまったことにとまどっています。自らの手で自らのまちを変えていくことが一人一人ではかなわないという現実を前に、諦《あきら》めの思いを募《つの》らせ、行政への依存と不信を強めてきたのではないでしょうか。

「参加するまちづくり」を通して、地域の将来像を多くの人と語る機会を創り出し、その思いを自らのものとして地域で共有化することは、長い目で見れば地域を住民自身が育てていくことにつながるはずです。まちづくりワークショップという手法は、こうしたことを実現する最も有効な手法なのです。そこがアンケートやヒアリング、パブリックコメントなどと本質的に異なる、まちづくりワークショップの特徴だと思います。

市民の参加・参画が当たり前のように語られる時代になったとはいうものの、「参加するまちづくり」が本当に試されるのはこれからのような気がしています。地域の自治を再構築していくためにも、市民は市民同士の対立のなかでもっと鍛《きた》えられなければならないと感じています。このことをまちづくりワークショップの現場のなかで確かめ、実現していくことが、私たち大久手計画工房の思いです。

この本を執筆するにあたって、多くのまちづくりワークショップを共に考え、作り上げてきた大久手計画工房の仲間たちと編集者の真鍋弘さんを交え、たくさんの議論を重ねてきました。私たちは、この本によってまちづくりワークショップの単なる技術の伝達ではなくて、その心を伝えたい、そのためにできるだけワークショップの現場の空気を伝えたいと考えたのです。そこで具体的な事例の中から一番伝えたいと思ったことを、実際に担当した所員がそれぞれの見方で書くことにしました。どの事例の中にも小さくとも確かな感動があればこそ書くことができた本になったと思います。

これからも感動のあるまちづくりワークショップが広がっていくことを、あるいはこうしたことに感動を感じることができるまちづくり人が増えていくことを願って、私たちの本づくりの作業を終えることにしたいと思います。

二〇〇三年九月

伊藤雅春
狩野三枝
森　由実
今井邦人

百の知恵双書
005

参加するまちづくり

ワークショップがわかる本

伊藤雅春
大久手計画工房

大久手計画工房◎おおくてけいかくこうぼう

一九九〇年に多摩ニュータウンの由木において、C・アレグザンダーの「まちづくりの新しい理論」にヒントを得た模型で、まちづくりを体験するワークショップを実施。その後、一九九一年に世田谷区ねこじゃらし公園のワークショップを実施協力、一九九六年には、三鷹市丸池公園復活ワークショップを実施、全国にまちづくりワークショップを展開している。医療生活協同組合の施設づくりを中心に参加の設計方法を提案し、多くの施設を実現。一九九七年には江戸川区篠崎駅西部地区で区画整理事業によるまちづくりにワークショップを導入し、その後全国に広がる。二〇〇一年には、都道調布保谷線の環境施設帯づくり、多摩市の市民自治基本条例づくりにワークショップで取り組むなど、まちづくりワークショップの可能性を広げている。

伊藤雅春(いとう・まさはる)
1956年、愛知県名古屋市生まれ
大久手計画工房代表
NPO法人玉川まちづくりハウス運営委員
まちづくりワークショップ歴13年

狩野三枝(かりの・みえ)
1966年、愛知県名古屋市生まれ
NPO法人コレクティブハウジング社理事
2003年5月まで大久手計画工房
まちづくりワークショップ歴13年

森 由実(もり・よしみ)
1968年、神奈川県鎌倉市生まれ
大久手計画工房
まちづくりワークショップ歴8年

今井邦人(いまい・くにと)
1966年、栃木県宇都宮市生まれ
大久手計画工房
NPO法人足元から地球温暖化を考える
市民ネット・えどがわ運営委員
まちづくりワークショップ歴5年

2003年9月25日第1刷発行

著者—伊藤雅春・大久手計画工房
発行者—真鍋 弘
発行所—OM出版株式会社
東京都港区芝5-26-20
建築会館4階 〒108-0014
編集所—有限会社ライフフィールド研究所
神奈川県鎌倉市小町1-8-19
小町ハウス203 〒248-0006
電話 0467-61-3746
発売所—社団法人農山漁村文化協会
東京都港区赤坂7-6-1 〒107-8668
電話 03-3585-1141
ファックス 03-3589-1387
振替 00120-3-144478
http://www.ruralnet.or.jp/
印刷所—株式会社東京印書館

ブックデザイン—堀渕伸治◎tee graphics
カバーイラスト—山崎のぶこ

Printed in Japan
ISBN4-540-03155-4
定価はカバーに表示。
乱丁・落丁本はお取り替えいたします。

百の知恵双書

005

たあとる通信

■no. 005

［対談］

ワークショップは地域づくりだ

伊藤千恵子十伊藤雅春

［対談］

ワークショップは地域づくりだ

伊藤千恵子十伊藤雅春

●——丸池復活とまちづくりワークショップ

雅春　丸池公園が「地域づくり総務大臣表彰・住民参加のまちづくり部門」をもらったそうですね。おめでとうございます。井上利明村長（丸池の里わくわく村）も喜んでおられたでしょうね。

千恵子　ええ、とても喜んでおられました。三鷹市は「市民プラン21」で全国的に知られていますが、安田市長（平成一五年四月二九日任期終了）が「丸池が本当の市民参加だと私は思っています」と言われたので、私も驚きました。

雅春　丸池が復活した直後に、子供が池で溺《おぼ》れたりもしましたが、丸池の里わくわく村の皆さんは、その後、自分たちで子供たちと何かやっているんですか。

千恵子　はい。年に一度、夏に子供たちを集めて、丸池ツアーというのをやっています。植物や昆虫の説明をしたり、丸池の景勝を説明したり……。それから、頼まれると近くの小学校の総合学習の授業で話をしたりもしています。

雅春　丸池のある新川・中原地区というところは、ワークショップをやる以前から自治的な活動ができているところだと思っていたのですが、今は今で、またとても上手にやっていますね。

千恵子　三鷹市は、市を七つに区分して住民協議会ができている

毎年秋に開催される「丸池わくわくまつり」
（写真提供／伊藤千恵子）

のですが、この住民の自治組織はすでに二〇年以上前からあるんです。自分たちでできることは住民協議会の中で決めていくという自治が以前から根づいていた地区なんです。そうした地区が、さらに丸池ができて大きく変わったと私は思っているのですが、それは「丸池の里わくわく村」（丸池復活プランづくりワークショップを運営していた住民が、丸池公園ができたことで新たにつくった組織）ができたことですね。

　どうしても町会や住民協議会はかたちから入るんです。けれども丸池の里わくわく村のみなさんはみんなが楽しめるように考え、工夫しています。

雅春　丸池復活のワークショップを経験したことが、そういう発想になっているのでしょうか。

千恵子　そうだと思います。みなさんおっしゃるのは、今までの地元にあったかたちを優先する関係よりも何かホッとする……と。地道な活動としては、月二回、丸池の清掃をみんなでしています。

編集　丸池復活を当初、三鷹市はどのようにとらえていたのですか？

千恵子　ワークショップを始める九年前になりますが、昭和六三年に、まちづくりプランを住民のみなさんでつくってほしい、という要望が市からあったんです。それを受けて、新川・中原地区の市民から丸池復活と仙川流域の親水公園化という提案が出されるわけです。その後、この提案は市の「緑と水の回遊ルート整備計画」へと引き継がれます。

　かつての丸池は湧き水が豊富な池だったのですが、地下水位が下がって、だんだん小さくなって、ゴミを捨てられるようになり、池は三鷹市が埋め立てなければならなくなったのです。四〇代より上の世代の人たちには、子供の頃に丸池で遊んだという記憶があって、彼らはぜひ大きな池を復活したいということをずっと思っていたんですね。

編集　伊藤千恵子さんは、そのときはどこにおられたんですか。

千恵子　三鷹市まちづくり公社にいました。

雅春　三鷹市には市民と行政の中間的立場で市民主体のまちづくりのコーディネートをおこなう財団法人三鷹市まちづくり公社という組織があったんです（現在は株式会社まちづくり三鷹に併合）。ここが住民活動をきめ細かくサポートして、縦割り行政を横につなぐ窓口になっていました。

　地元からそういう要望が出ていて、市の側もどういう公園にしたらよいか、地元の声を反映させて計画を立てようということで、伊藤さんたちのまちづくり公社が住民と役所の担当部署との間をコーディネートするということになり、ワークショップの専門家として僕たちも参加したわけです。

確か僕たちが参加する前に、まちづくり公社で小さい公園をワークショップ方式でつくっていますね。

●――小さな公園での経験

千恵子　ええ。丸池復活というのは大きなテーマとしてあったわけですが、その当時は誰もワークショップの経験がなかったものですから、まず小さな公園（井の頭手のひら公園）でやってみようということでやったんです。その時の経験がいい勉強になりました。その時に私たちがつくったプログラムは、伊藤雅春さんがつくるプログラムと違って、「ファシリテーター一歩前に出る」、「……の説明をする」というように、もう芝居の台本みたいなんです（笑）。

雅春　それにしても、どこで伊藤さんはワークショップのやり方を身につけたの？

千恵子　世田谷まちづくりセンターでも研修を受けましたが、それは申し訳ないけれどそんなに参考にならなかったんです。いわゆるゲームのやり方は教えてもらいましたけれど。

ワークショップの準備のために上司と議論していると、どういうことが起きるか、当日のイメージが全部浮かんでくるんですよ。最初は、イメージを浮かべながら一人でプログラムを書いていたんです。だけど、それは自分の世界でしょ。上司は逆に客観的に見ているから、そこで何時間も議論することで、もう当日のシミュレーションができてしまう。それが一番勉強になったと思いますね。

雅春　ご自分でもワークショップのプログラムをつくっていた伊藤さんから見て、丸池での僕たちのワークショップはどんな印象でしたか？

千恵子　ちょっと話がずれてしまいますが、井の頭手のひら公園での反省は、地域づくりをしていなかったということなんです。

まちづくり公社としてはワークショップは地域づくりなんだというふうに肝《きも》に銘《めい》じていましたから、伊藤雅春さんにはファシリテーターをやっていただく。小河原孝生さん（生態計画研究所）にはアドバイザーになっていただく。そして、まちづくり公社の役割は、ただ丸池の復活をするだけではなくて、これを契機に、いかに地域づくりに持っていくかということを念頭に置いた全体

手のひら公園ワークショップ（写真提供／伊藤千恵子）

のコーディネーター役に徹することだというふうに思っていたわけです。

　それで、先ほどの伊藤さんの質問ですけれど、ファシリテーターの伊藤さんは割とサラッとしているところと非常に繊細なところの両面があって、すごくおもしろい人物だなと思うんですね。

　繊細なところというと、会場に参加者が三〇人、五〇人といるわけですが、参加者がどんな気持ちでいるか、不安を感じているなといった察しがものすごく早い。参加者がポストイットに自分の意見を書いて貼ったりするわけですが、伊藤さんはそれを見てどういうふうに感じているかを瞬時に把握する。これは普通の人にはまねができないと思います。

　一方で、びっくりするぐらいサッパリしているところもある。ワークショップが終わった時に、伊藤雅春さんがおっしゃったのは、僕のことなんか忘れてくれてもいいんだと。

●──ファシリテーターという立場

編集　それは、どういう意味で言ったのですか?
雅春　ワークショップは何回か回数を重ねるわけですが、最初はどうしても参加者にワークショップという形式に慣れてもらうために、いろいろ興味を持ってもらうような工夫をするわけです。けれど後半部分になって、参加者が自分たちで議論ができるようになってきたら、かなり楽になってくるわけです。何かだまされるのではないか、押しつけられるのではないかといったファシリテーターに対する不安・不信といったものも、最初はあるけれど、自分たちで話すためにあの人たちがいるんだということが理解されるようになりますからね。

伊藤雅春（いとう・まさはる）
大久手計画工房代表

伊藤千恵子（いとう・ちえこ）
三鷹市生活環境部コミュニティ文化室

編集　進行役に徹しているということを理解するようになる。
雅春　そうです。議論すべきは自分たち同士なのであって、ファシリテーターと議論するわけではないことが、だんだんわかってくるわけです。それと、ファシリテーターがいるから、ちゃんと議論がうまく進むということも理解してくれるようになる。
　結局、ファシリテーターはワークショップの最後にはフェードアウトしていくという、そういう定めというか、そういう役割なんだと思うんですよ。
編集　どこかで醒《さ》めた客観的な立場でいるということが、参加する人にとっても必要なんですね。そのファシリテーターという立場は。
雅春　ええ。ちょっと教育の現場の先生に近い立場かもしれない。結局、自分たちでできるようになったら、あとは見守っていればいいというか、手を離れていくことが、つまり自分たちでちゃんとやってもらえることがうれしいみたいな立場ですね。

主役は地域の人たち

千恵子　丸池の場合、ここはちょっと強調したいところなんですが、まちづくり公社の職員としての私とファシリテーターとしての伊藤雅春さんの一致するところは何かと言ったら、主役は地域の人だというところなんです。地域のみなさんが考えて、意見を出して決めるという原則は絶対くずせないところだったわけです。だから、住民間で意見がものすごく紛糾《ふんきゅう》したりすると、次のプログラムがあるけれども予定は変更して一時間でも二時間でも話し合ってもらう。

雅春　そんなにプログラムをくずしてないよ。

千恵子　四回目のワークショップでは隣接地のみなさんとずいぶん話し合いの時間をとっていただきましたね。

雅春　それはエンドレスでやりましょうと、最初からそういうことを決めていたわけですよ。そういう時は座敷を確保するわけです。場所のセッティングとして畳のほうがいい。

千恵子　とにかくみなさんによく集まってもらいました。一年間に三〇回ぐらい集まりました。ワークショップの事前の打ち合わせ、それから当日のワークショップ、その後の反省会、次のワークショップをどうするか、また集まって反省会をして。その間に、お祭りの実行委員会だとか、ほかにもいろいろな行事がありますから三〇回以上もやりました。

　あの時は、まちづくり公社が案内チラシを送りました。初めは呼びかけをいろいろおこないながら参加者に集まってもらい、楽しくワークショップを進めていこうと考えていました。でも今は、そういう働きかけをしなくても自主的にみなさんが集まる。それがすばらしいと思っているんです。誰かに引っ張られているわけではなくて、自分たちでワークショップもやっている。

雅春　ワークショップでは人集めが一番大変なんですが、丸池の時は人を集める場面で伊藤さんの活躍がすばらしかった。丸池の隣に住んでいる人の中に反対をしていた人がいて、その人にはぜひ出てもらわないと、うまくいかないからということで、その人のところにずいぶんと通ってくれましたね。結局全部のワークショップに出席してもらいました。そういう裏方の努力が丸池復活プランづくりの成功を導いたと思っています。

千恵子　公園に隣接して住んでいる方がいらっしゃって、その人たちに私たちが知らないところで計画が決まったと後で言われたら、ワークショップは台無しになってしまいますので、ワークショップとは別に、その方たちと、市の緑と公園課とまちづくり公社とが何度か会合を持ちました。それで丸池のプランに関してはワークショップに参加して意見を言ってくださいと。隣接地だからこれだけは困るということをここでお話ししましょうと、話し合いの場を四、五回夜に持ちました。

雅春　ああ、そんなこともやっていたんですか。

千恵子　最初は丸池復活に反対していた方が、公園の開園式で記念樹を植える時に、スコップで土をかけてくれた。あの時は本当にうれしかったですね。

まちづくりワークショップの三つの目的

編集　伊藤（千恵子）さんから見た、まちづくりワークショップの効用とはなんでしょうか？

千恵子　まちづくりワークショップというのは、先ほども申し上げましたように、地域づくりだと思うんです。丸池の場合、まちづくり公社はワークショップの目的を三つあげていました。一つは、すばらしいプランをつくること。二つ目は、新しいコミュニティができること。三つ目は、ワークショップに参加した市民のみなさんが、自治を担う市民になっていただくことです。この三つの目的は丸池に限らず、すべてのまちづくりワークショップの目的だと思います。

学校をつくるのでも、病院をつくるのでも、公園をつくるのでも、みんなの意見を集めて、「はい、できました。では解散」だったらあまり意味がない。丸池のワークショップを経験した人は、すでに自分たちで考えをまとめることができる人たちなんですね。自分の意見が通らなければ困るというのではない。あなたの意見はどうなの？　君の意見は？　と、みんなの意見を聞いて、コミュニティとしての意見をまとめられる人たちです。

こういう人たちは、例えば地域の道路のことでも、コミュニティバスの路線のことでも地域の総意として意見をまとめられる。私がワークショップの効用は地域づくりだと思うのは、そういう意味なんです。

●——共有財産としての場と地域コミュニティ

雅春　市民が自治をどうしたら担《にな》うことができるかというテーマで話し合うよりは、具体的に、例えば丸池をどうつくろうかと始めてしまうことが、実際には一番早く市民の自治に到達する方法なんだという気がするんですよ。

千恵子　そう思いますね。

雅春　例えば地域の自治の仕組みをつくりましょうと議論しても、話が終わってしまうとそれで何となく終わりになってしまいますが、池ができてしまうと、それを維持管理しなければならない。お祭りをやったりとか、掃除をやったりとか、ワークショップなんて言わなくても、住民が日を決めて集まる機会が継続していきますね。ですから地域に市民の共有財産みたいなものがあるということが実は大切なんですね。ものがセットになっているということが、実際はコミュニティを維持する、非常に大きな鍵になっていると思います。

いいコミュニティがあれば、いい環境ができるとか、いい公園ができるとか、そういうことではなくて、実は一つ一つの具体的なものとコミュニティがセットになって、お互いが支えられているという、そういうことなのではないかと思うんですね。

千恵子　そうですね。おっしゃるとおりで、丸池の里わくわく村の皆さんも、丸池という場所があって、いいものをつくろうとして、小河原さんというプロの専門家にアドバイスしていただきながら、勉強しながらつくりましたからね。

雅春　場があることが重要ですね。丸池の場合は、わくわく村というすばらしいコミュニティになっているわけですが、丸池を取っちゃったら、きっと崩壊してしまうと思いますね。逆に丸池というハードだけがあってもまったく魅力がないでしょ。やはり、二つがセットであることで、魅力的な世界が存在するわけです。

（二〇〇三年五月　大久手計画工房にて収録）

「参加するまちづくり」の参考書

本書と併読すると、まちづくりワークショップの理解をより深められると思われる参考書の中から、
比較的入手しやすいものを大久手計画工房が8冊選びました。

まちづくりの新しい理論

C. アレグザンダー他著
難波和彦監訳　鹿島出版会　1989年
著者がこれまで展開してきた建築や都市に関する理論を模型のまちづくりで実験するという興味深い実践の書。ワークショップ的な進め方にも注目。

参加のデザイン道具箱 PART 1～4

世田谷まちづくりセンター（財）世田谷都市整備公社 1993年～2002年
参加型まちづくりを実践するための知恵袋。まちづくりワークショップのバイブル的存在。PART 1：基本編　PART 2：プロセスデザイン～事例とワークブック　PART 3：ファシリテーショングラフィックとデザインゲーム　PART 4：子供の参加

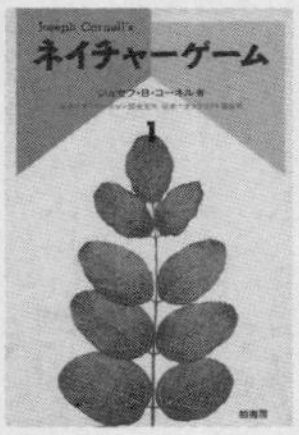

ネイチャーゲーム1・2

ジョセフ・B・コーネル著
日本レクリエーョン協会監修
柏木書房　1991年
五感を使い、想像力を働かせ、自然世界を深く理解し、その尊さに気付かせる、そんな自然の中での遊びを紹介している。屋外でのワークショップの際に、導入部の緊張のやわらげなどにも、ぜひ使ってみたい事例が掲載されている。

まちづくりの方法と技術

ランドルフ・T・ヘスター／土肥真人共著　現代企画室　1997年
「公正な世界を創りたいと望んでいる人々」に向けて書かれたコミュニティ・デザインのテキストブック。手法や技術だけでなく、コミュニティ・デザインの心を学ぶことができる。

まちづくりゲーム――環境デザイン・ワークショップ

ヘンリー・サノフ著　小野啓子訳
晶文社　1993年
この町の問題は何か？ どうすればいいのだろう？ 年齢や性別、立場の違う人たちの、自由でやわらかな発想・選択・合意を導き出す26のゲームを紹介している。ワークショップの実践に役立つ、実務的な資料集。

ワークショップ――新しい学びと創造の場

中野民夫著　岩波新書　2001年
参加体験型、双方向性を特徴とするワークショップの、新しい学びと創造のスタイルにどのような可能性があるのか？ 多くの事例を交え、ワークショップ的な学びや創造の方法にひそむ持続可能な社会へのヒントを発掘し、整理する。

僕たちの街づくり作戦

マイケル・ノートン著　グループ99訳
都市文化社　1993年
「おまえさんたちのマチを誘拐した」という脅迫状から始まるこの本は、小・中学生用教材としてイギリスのコミュニティ・グループが作った本。身のまわりの環境をよりよいものへと変えていくためにできることは何だろう？

対話による建築・まち育て――参加と意味のデザイン

日本建築学会意味のデザイン小委員会編著　学芸出版社　2003年
自己と他者、行政と市民が一つになる一体的意識の育みとしての参加の方法を紹介し、人々がよりよく生きることと建築空間がその媒体となることの意味を明らかにする。ホンモノの参画へステップアップするための極意が語られている。

足もとから暮らしと環境を科学する

「百の知恵双書」の発刊に際して

21世紀を暮らす私たちの前には地球環境問題をはじめとして、いくつもの大きな難問が立ちはだかっています。今私たちに必要とされることは、受動的な消費生活を超えて、「創る」「育てる」「考える」「養う」といった創造的な行為をもう一度暮らしのなかに取り戻すための知恵です。かつての「百姓」が百の知恵を必要としたように、21世紀を生きるための百の知恵が創造されなければなりません。ポジティブに、好奇心を持って、この世紀を生きるための知恵と勇気を紡ぎ出すこと。それが「百の知恵双書」のテーマです。

●既刊

001 **棚田の謎**
千枚田はどうしてできたのか
田村善次郎・TEM研究所
ISBN4-540-02251-2

002 **住宅は骨と皮とマシンからできている**
考えてつくるたくさんの仕掛け
野沢正光
ISBN4-540-02252-0

003 **目からウロコの日常物観察**
無用物から転用物まで
野外活動研究会
ISBN4-540-02253-9

●新刊

004 **時が刻むかたち**
樹木から集落まで
奥村昭雄
環境と時間の繰り返しから生まれるかたちは、限りなく複雑で、かつ美しい。こうしたかたちは自然のリズムのなかでどのようにしてつくられるのだろうか。たとえば蔓はどのように巻き付くのか。巻き貝は連続的に成長できるのか。木曽谷の景観は四〇〇年の間にどのように激変したのか。自然の力を建築に利用して快適さの質を追求してきた建築家による人と自然の博物誌。
ISBN4-540-03154-6